LE JACK RUSSELL TERRIER

Bernard Lebourg

LE JACK RUSSELL TERRIER

ÉDITIONS DE VECCHI S.A.
52, rue Montmartre
75002 PARIS

Malgré l'attention portée à la rédaction de cet ouvrage, l'auteur ou son éditeur ne peuvent assumer une quelconque responsabilité du fait des informations proposées (formules, recettes, techniques, etc.) dans le texte.
Il est conseillé, selon les problèmes spécifiques – et souvent uniques – de chaque lecteur, de prendre l'avis de personnes qualifiées pour obtenir les renseignements les plus complets, les plus précis et les plus actuels possible.

L'auteur remercie « Le Prince Jardinier » pour la collaboration à l'iconographie.

Du même auteur aux Éditions De Vecchi :

L'Eurasier, 1994
L'Akita Inu, 1994
Le Jack Russell Terrier, 1995
Le Dogue de Bordeaux, 1995
Le Rodhesian Ridgeback, 1996
L'Épagneul français, 1997
Le Jagd Terrier, 1999
Les Chiens de chasse, 2000

En couverture : © Hermeline/Cogis (bas); © Français/Cogis (haut)

Imprimé en Italie

Sommaire

Préface

Depuis de nombreuses années, Bernard Lebourg consacre ses recherches à la construction d'un corpus canin en s'attachant à l'observation et à l'analyse de races méconnues en France ou de races nouvellement introduites devenues des phénomènes de mode : l'Eurasier, l'Akita Inu, le Rhodesian Ridgeback, le Boer Bull, le Dandie Dinmont... Son approche est résolument ouverte, éloignée des querelles de clochers.

Avec ce second livre sur le Jack Russell Terrier, il nous rappelle combien le règne animal est en perpétuelle évolution. Qui aurait cru il y a 20 ans que ce chien que d'aucun nommait « ratier » deviendrait une race si à la mode, du continent américain à l'Europe ?

Plus encore, Bernard Lebourg nous rappelle qu'il est nécessaire d'être en éveil constant dans le monde canin. Car, comme il l'écrivait déjà dans un de ses précédents ouvrages : « la cynophilie est ainsi faite qu'à côté des chiens il y a des hommes ! Et que ces derniers, en son nom, s'entredéchirent. » Pour l'auteur, il faut plus que jamais relativiser et admettre qu'une approche pragmatique ne veut pas dire superficialité mais, au contraire, signifie l'obligation d'être attentif à tous les travaux publiés, d'être à l'écoute des éleveurs et, surtout, de se positionner sans barrière de frontières.

Ce livre, au ton juste et dynamique, replace le Jack Russell Terrier dans son contexte.

Et s'il est un chien actuellement à la mode, il est avant tout un chasseur, un de ces coureurs de fond sachant allier vitesse, finesse et rusticité. Nous sommes loin de l'image emblématique du chien de *The Mask*. Nous parcourons plutôt les sous-bois, nous jouons avec un joyeux compagnon aux qualités sympathiques. Cette race mérite d'être mieux connue du grand public pour être mieux appréciée encore et aussi protégée des excès en tout genre. Cette jolie contribution tombe à point nommé pour participer à cette utile information.

Dr Florence DESACHY
Directrice de collection

Avant-propos

Lorsqu'une boule de poil, un jour, me passa comme une furie entre les jambes, alors que je réalisais un reportage chez un éleveur, j'étais à cent lieux de me douter que je venais de signer un long bail avec le Jack Russell Terrier. Plus tard, il y aura les rencontres décisives avec le regretté Bernard Dumon, puis Frédérique de Bellescize ou encore Geoffroy Vivaux. Tous vont m'apporter, vont m'offrir même, une connaissance indispensable de la race.
Mon premier livre sur le sujet coïncida avec le début de l'engouement pour la race. Une fois la race lancée, d'autres s'en sont attribués les lauriers, alors qu'ils se sont contentés de ramasser les fleurs déjà cueillies par d'autres.
Mais qu'importe, les précurseurs sont bien souvent ignorés, voir critiqués, et il est bien plus facile de copier que de créer.
Heureusement il reste le Jack, petit chien malicieux et rigolard qui sera toujours un vrai chasseur, même si d'aucuns voudraient le confiner dans les salons des beaux quartiers.
Entrer dans la collection « Chiens de race », c'est un peu comme entrer dans la collection « Blanche », toute modestie mise à part.
Que l'honneur en revienne uniquement au Jack Russell Terrier.

Bernard LEBOURG
mars 2001

Origines et histoire

Tout commença un jour dans le Devon, au sud de l'Angleterre à la fin du XVIIIe siècle. Comme nous le savons tous, les Anglais de cette époque sont de grands cynophiles ; mais pas des cynophiles snobs, des cynophiles de leur temps, qui considèrent que le chien a sa place sociale dans la famille, qu'il est là pour garder la ferme, pour protéger les biens, les personnes et les animaux, pour assister le chef de famille lorsqu'il part à la chasse. Vont naître ainsi toutes les races de Terriers modernes que l'on trouve encore aujourd'hui.

Cela ira du plus grand, le chien de loutre, l'Airedale Terrier, jusqu'au plus petit, le Yorkshire Terrier, en passant par toutes les races qui ont pour noms, Bedlington, Dandie Dinmont, Sealyham, Scottish,

Le Jack Russell Terrier... © Labat/Cogis

… et les autres races de Terriers : l'Airedale Terrier © Vedie/Cogis

Le Yorkshire Terrier © Labat/Cogis

Le Bedlington Terrier © DR/Cogis

Le Dandie Dinmont Terrier © Hermeline/Cogis

Le Sealyham Terrier © Hermeline/Cogis

Le Scottish Terrier © Français/Cogis

Le Cairn Terrier © Labat/Cogis

L'Irish Terrier © Gauzargues/Cogis

Le Lakeland Terrier © Français/Cogis

Le Welsh Terrier © Lanceau/Cogis

Le Fox Terrier © Hermeline/Cogis

Le Kerry Blue Terrier © Hermeline/Cogis

Le Soft Coated Terrier © Lanceau/Cogis

Le West Highland White Terrier © Hermeline/Cogis

Cairn, Irish, Lakeland, Welsh, Fox, Kerry Blue, Soft Coated, ou West Highland White Terrier. Quelle que soit leur taille, tous ces Terriers étaient à l'origine des vrais chiens de chasse et de ferme, au mordant volontaire, et au caractère particulièrement trempé. Presque tous malheureusement sont devenus au fil du temps des chiens de salons, sauf le Fox (à poil dur) et l'Airedale dont certains éleveurs redécouvrent petit à petit leur caractère original.

Et puis le Jack Russell apparut !

Si les religions sont des sectes qui ont réussi, les races canines sont, par analogie, des croisements de bâtards qui ont fini par se faire connaître puis reconnaître ! Le « JRT » n'aurait peut-être jamais existé si, un jour, un pasteur, *parson* en anglais, le célèbre John dit « Jack » Russell (1795-1883) n'avait pas passé plus de temps dans l'élevage de ses Fox Terriers

ZONES D'ORIGINES DU JACK RUSSELL TERRIER

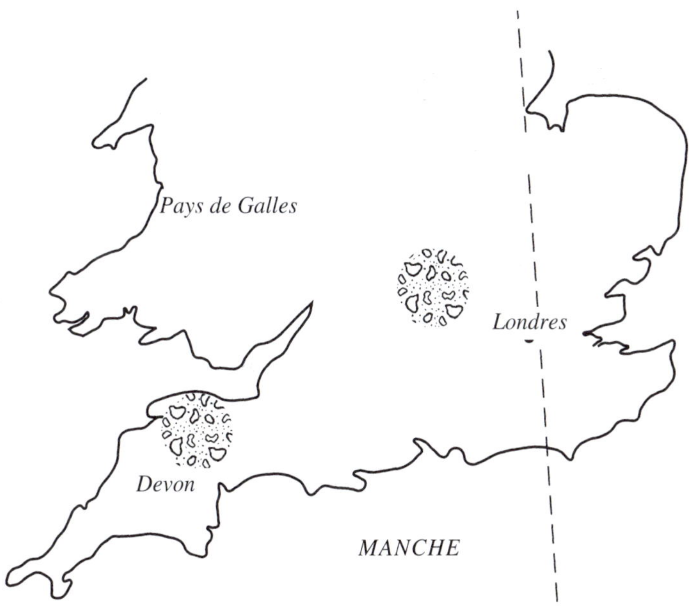

qu'avec ses paroissiens. Né à Darnmouth, dans le sud Devon, notre futur ecclésiastique découvrira les chiens de chasse vers 1814 grâce aux Maîtres d'équipages de la ville de Tiverton où il habite. C'est lors de son passage à Oxford où il étudie la théologie (1815-1819) qu'il achètera la célèbre « Trump » qui sera à l'origine de son futur élevage. De cette chienne, acquise auprès de son laitier, descendront à la fois des Fox Terriers, mais également des chiens plus courts sur pattes et qui seront à l'origine de nos « Jack » actuels. John Russell décrivait sa chienne de la manière suivante : « Elle est presque entièrement blanche avec des taches fauves au-dessus des yeux et une petite marque fauve (*the decimal point*) à la

Le « JRT » n'aurait jamais existé si un pasteur, le célèbre John dit « Jack » Russell, n'avait passé plus de temps avec ses chiens qu'avec ses paroissiens © Français/Cogis

racine de la queue. Elle avait une robe de texture lisse, mais avec une ligne de poils durs le long du dos, et des pattes de longueur moyenne. »
Son élevage va véritablement commencer lors de son installation à Swymbridge où il restera de 1826 à 1876. Là, il va séparer les deux lignées : une lignée haute créée à partir de cinq chiens, qui deviendra au fil des ans le « Fox Terrier » ; une lignée basse, plus courte sur patte et qui ne dépassait pas le poids de 15 livres, et qui deviendra beaucoup, beaucoup plus tard le « Jack Russell Terrier ». Ce qui est étonnant, c'est que John Russell, sans le savoir, va être, grâce aux chiens, l'un des inventeurs du marketing. En effet, très vite, il se rendra compte que le Fox Terrier est une race demandée par l'aristocratie britannique, ceci générant des profits pour l'éleveur, alors que ce qui deviendra plus tard le Jack reste un chien de ferme ou de campagne peu demandé. Russell deviendra alors un héros national pour la cynophilie d'outre-Manche grâce au Fox, cela lui valant d'être l'un des créateurs du célèbre Kennel Club.
Alors qu'il développe, pour des raisons financières, le Fox, il garde pour lui le « JRT », qu'il ne développe que pour ses amis chasseurs. Cela explique le standard d'origine : moins de 15 livres, blanc pour être mieux repéré en sortie de terrier et, surtout, capable de se tenir en équilibre sur le pommeau de la selle lors de la chasse au renard. On comprend mieux maintenant pourquoi « Jack » et chevaux font si bon ménage ; il connaît l'odeur du crottin depuis fort longtemps ! Reste la légende comme quoi John Russell exécutait les chiens qui ne tenaient pas en équilibre sur le pommeau de la selle... Il y a toujours un peu de vrai dans les légendes !

Vers les Jacks modernes !

Concentrée essentiellement dans le Devon, la race restera quasiment clandestine jusqu'en 1976, soit près de 100 ans après sa création. Considérée pendant fort longtemps comme un ramassis de bâtards, la race ne devra son salut qu'à quelques passionnés qui produiront le premier standard officieux en mai 1990, avant que le Kennel Club ne sorte son standard officiel en juillet 1990, et la FCI le sien en janvier 1991. On avait attendu 100 ans, cela valait bien trois standards !
En France, c'est Bernard Dumon qui sera à l'origine du développement de la race en 1985, en ramenant d'Angleterre deux chiennes, Vignette qui fera souche chez Frédérique de Bellescize, et Vicky que Bernard Dumon gardera. Ce dernier trouvera la mort fin janvier

Couple de Jack Russell Terriers © Français/Cogis

1995 lors d'un accident d'avion au Bourget alors qu'il partait à la chasse en Roumanie. Devait décéder avec lui, entre autres, Jenny, arrière-petite-fille de Vicky.
Depuis, le « JRT » est devenu un chien à la mode. Est-ce une bonne ou une mauvaise chose, seul l'avenir nous le dira. Ce qui est sûr, c'est que le Jack Russell Terrier est et doit rester un chien de chasse, un prédateur du « cochon », un chasseur sous terre intransigeant, un « gueulard », râleur au grand cœur.

Le standard commenté

Le standard est la description des caractéristiques morphologiques et comportementales d'une race canine, une description établie par l'organisme cynophile national du pays dont la race est originaire (la Grande-Bretagne, dans le cas du Jack Russell Terrier), homologuée par la Fédération cynologique internationale (FCI) et adoptée par chaque État membre. Nous allons en étudier ci-après les principaux éléments. Les parties en italique correspondent aux passages extraits intégralement du texte officiel.
Pourtant le Jack Russell Terrier, comme beaucoup de « jeunes races », a bien du mal à trouver un standard qui mette tout le monde d'accord, surtout en matière de taille. Nous intégrerons à l'intérieur du commentaire les points qui diffèrent entre le standard officiel et les autres standards qui sont, d'ailleurs, à l'origine de ce standard officiel.

Aspect général

• Standard FCI : *apte au travail, actif, agile, construit pour la vitesse et l'endurance.*
D'entrée, le standard nous précise qu'il s'agit ici d'un chien destiné à chasser.
Cette définition est héritée du standard du Kennel Club. Par contre, dans le premier standard du club de race datant de mai 1990, on peut lire : *c'est un petit chien vigoureux et robuste tout le temps très alerte*, alors que le standard de Nouvelle-Zélande donne lui la définition sui-

Le Jack : petit chien malicieux et rigolard qui sera toujours un vrai chasseur
© Français/Cogis

vante : *Terrier de travail au caractère agréable, au corps souple, aux dimensions moyennes. Quels que soient ses mouvements il garde de la noblesse dans ses expressions. Il peut être à poil lisse ou à poil dur ou l'intermédiaire entre ces deux textures.*

Comportement et caractère

• Standard FCI : *essentiellement un Terrier de travail que ses aptitudes et sa conformation destinent au déterrage et à la suite des chiens courants. Hardi et gentil.*
Ici le standard officiel confirme bien que l'on a à faire à un « vrai » Terrier destiné essentiellement à la chasse, sous et sur terre.

• Standard 1990 du Club de race : *rappelons que le Jack Russell est un Terrier de travail et qu'il doit en garder les instincts : nervosité, peur, agressivité sont des fautes à éviter à tout prix.*

• Standard du Kennel Club : *essentiellement un Terrier de travail avec l'aptitude et la conformation pour chasser sous terre et courir avec les chiens courants.*

• Standard de Nouvelle-Zélande : *c'est un Terrier actif, dynamique et aimable à l'expression intelligente.*

Les trois autres standards confirment celui de la FCI : il faut absolument garder cette caractéristique de « chien de chasse » dans le standard, au risque de transformer le JRT en « terrier de salon », comme beaucoup de ses cousins.

Tête et crâne

• Standard FCI : *crâne plat, d'une largeur moyenne, allant se rétrécissant graduellement vers les yeux. Stop peu marqué. La distance de la truffe au stop est légèrement plus courte que celle du stop à l'occiput.*
La tête est très bien décrite, avec deux précisions importantes : le crâne plat qui sert éventuellement de « bouclier », et la truffe noire, voulant dire de fait qu'une truffe rose doit être refusée.

ÉTUDE DE TÊTE DU JACK RUSSELL TERRIER

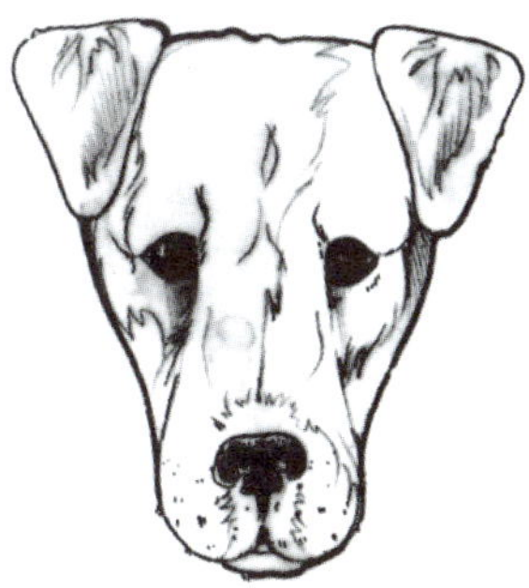

• Standard 1990 du Club : *la tête doit être de taille équilibrée, en proportion au reste du corps, le crâne plat, de largeur modérée au niveau des oreilles, devenant plus étroit au niveau des yeux. Le stop n'est pas trop prononcé. La longueur du museau, de la truffe au stop, doit être un peu plus courte que la distance du stop à l'occiput. La truffe doit être noire, la mâchoire forte avec des joues musclées.*

• Standard du Kennel Club : *plat, modérément large, allant en se rétrécissant vers les yeux. Stop peu prononcé. La longueur du nez au stop est légèrement plus courte que celle du stop à l'occiput. Le nez est noir.*

• Standard du New Zealand Kennel Club : *le crâne est plat et modérément large, allant se rétrécissant des yeux au museau. Le stop bien que visible est peu prononcé. La distance entre le nez et le stop est sensiblement plus courte que celle qui va du stop à l'occiput. Les muscles des mâchoires (zygomatiques) sont bien développés. La truffe est noire.*

Toujours cette précision sur le crâne plat et sur la truffe noire.

Yeux

• Standard FCI : *en amande, assez enfoncés dans les orbites, de couleur sombre, d'une expression pleine de vivacité.*

Si les yeux sont ronds et clairs, le chien ne peut être confirmé.

• Standard 1990 Club : *ils doivent être en forme d'amande, de couleur foncée, pleins de vivacité et d'intelligence.*

Les yeux du Jack Russell : en amande, de couleur sombre, d'une expression pleine de vivacité © Lanceau/Cogis

• Standard du Kennel Club : *en forme d'amande, plutôt enfoncés dans les orbites, foncés, à expression passionnée et intelligente.*

• Standard du New Zealand Kennel Club : *petits et légèrement foncés dégageant une impression d'intelligence et de curiosité. Ils ne seront*

Quels que soient ses mouvements, il garde de la noblesse dans ses expressions
© Français/Cogis

jamais proéminents tout en restant bien ouverts. Les paupières bien serrées seront pigmentées de noir. Le Kennel Club précise la notion de « vivacité » dans l'expression des yeux, ce qui paraît intéressant ; quant au standard néo-zélandais, il précise que les paupières doivent être « pigmentées de noir », ce qui est parfaitement vrai.

Oreilles

• Standard FCI : *petites, en forme de V, tombant vers l'avant, portées contre la tête. Le pli ne doit pas dépasser le sommet du crâne.* Surtout pas les oreilles ouvertes, comme certains éléments que l'on trouve actuellement.

• Standard 1990 du Club : *petites, en forme de V, descendues, portées en avant, près de la tête, pas trop épaisses.*

• Standard du Kennel Club : *en forme de V, portées près de la tête, pliées vers l'avant pour ne pas dépasser le sommet du crâne.*

Les oreilles sont petites, en forme de V, tombant vers l'avant © Français/Cogis

LES OREILLES

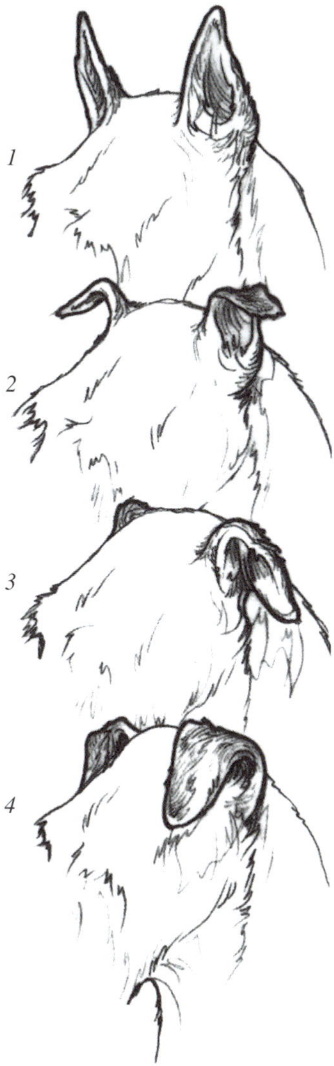

1. Oreilles droites
2. Oreilles en « tulipe »
3. Oreilles en « rose »
4. Excellent port d'oreilles

• Standard du New Zealand Kennel Club : *arrondies et retombantes elles devront être mobiles et pas trop épaisses.*

Le port d'oreilles paraît unanime, quelle que soit l'origine du standard, ainsi que la longueur.

Mâchoires

• Standard FCI : *les mâchoires sont puissantes et bien musclées. Articulé parfait, régulier et complet en ciseaux, c'est-à-dire que les incisives supérieures recouvrent les inférieures dans un contact étroit et sont implantées bien à l'équerre par rapport aux mâchoires.*
En aucun cas le Jack Russell Terrier ne doit être prognathe.

• Standard 1990 du Club : *dents fortes, celles du dessus, un peu en avant de celles du dessous et au complet.*

• Standard du Kennel Club : *avec des mâchoires fortes et musclées. La mâchoire forme avec les dents un ciseau parfait, régulier et complet. C'est-à-dire que les dents du dessus chevauchent étroitement celles du dessous en épousant parfaitement le contour de la mâchoire.*

• Standard du New Zealand Kennel Club : *les lèvres seront tendues et pigmentées de noir. La fermeture s'effectue en ciseau.*

L'ensemble des standards est unanime concernant la fermeture de la mâchoire qui doit être en ciseau parfait.

Cou

• Standard FCI : *pur dans ses lignes, musclé et de bonne longueur, il va en s'élargissant progressivement vers les épaules.*
À proscrire le cou trop long, dit « cou de girafe ».

• Standard 1990 du Club : *net et musclé, de longueur moyenne, s'élargissant vers les épaules.*

• Standard du Kennel Club : *net, musclé, de bonne longueur, s'élargissant progressivement vers les épaules.*

• Standard du New Zealand Kennel Club : *robuste et lisse, il va en s'élargissant vers les épaules.*

L'ensemble des standards est d'accord : le cou du Jack Russell Terrier est en « tronc de cône » qui va en s'élargissant vers les épaules.

Membres antérieurs

• Standard FCI : *épaules longues et obliques, bien inclinées vers l'arrière, bien dégagées du garrot. Les articulations ne sont tournées ni en dedans, ni en dehors. Les coudes, bien au corps, jouent librement sans être gênés par les côtes.* Les membres antérieurs doivent être bien droits.

• Standard 1990 du Club : *les épaules longues et obliques, bien inclinées en arrière, bien dégagées, au garrot.*

• Standard du Kennel Club : *l'avant-main forte doit être d'aplomb, tournée ni en dedans, ni en dehors. Les coudes collés au corps, avec un mouvement facile.*

• Standard du New Zealand Kennel Club : *les épaules sont longues et obliques non tombantes mais musclées. Les coudes sont collés au corps sans pour autant être gênés par les côtes. Le sternum est peu visible.*

Les deux premiers standards anglais font encore appel à cette notion « d'avant-main » et « d'arrière-main » qui ne doit être réservée, du moins d'après nous, qu'aux chevaux.

Corps

• Standard FCI : *poitrine modérément descendue ; prise derrière les épaules, deux mains de gran-*

LES APLOMBS DU JACK RUSSELL TERRIER

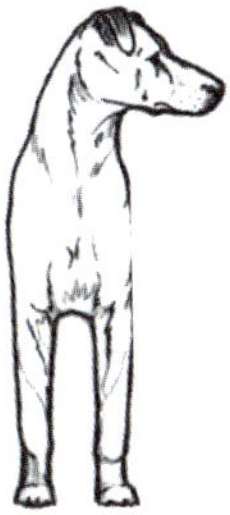

Corrects

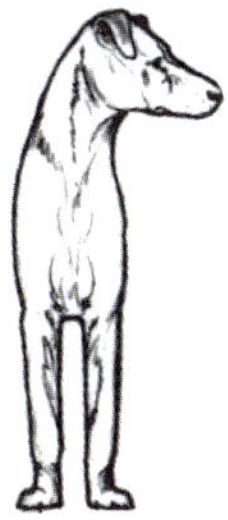

Pattes trop serrées

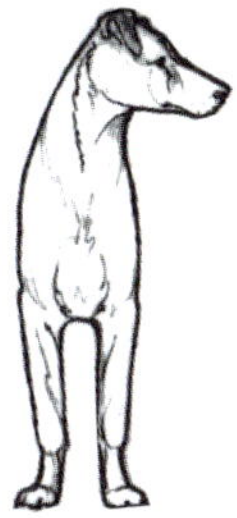

Panards

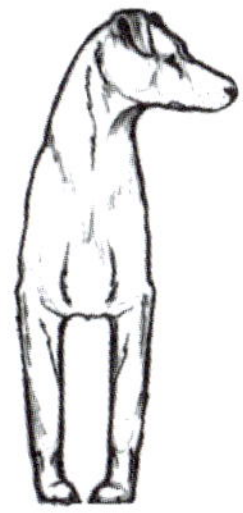

Cagneux

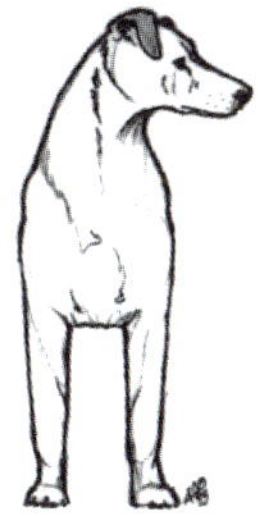

Épaules trop chargées

LES DÉPLACEMENTS DU JACK RUSSELL TERRIER

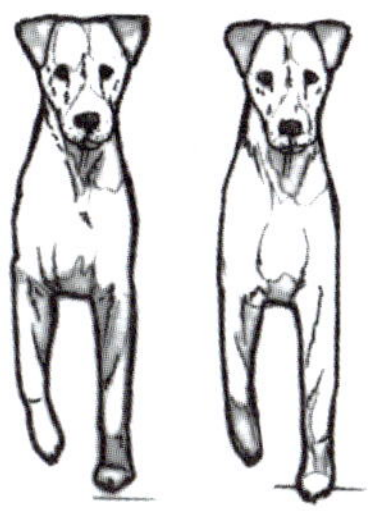

Corrects, coudes collés au corps

Arqués

Déplacements ondulés

Coudes bloqués

Aspect panard

Croisés

LE CORPS D'UN JACK RUSSELL TERRIER S'INSCRIT DANS UN RECTANGLE

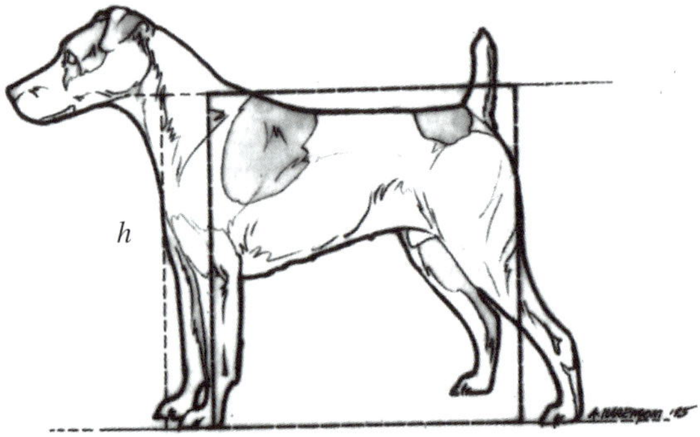

h = hauteur au garrot

DÉFAUTS

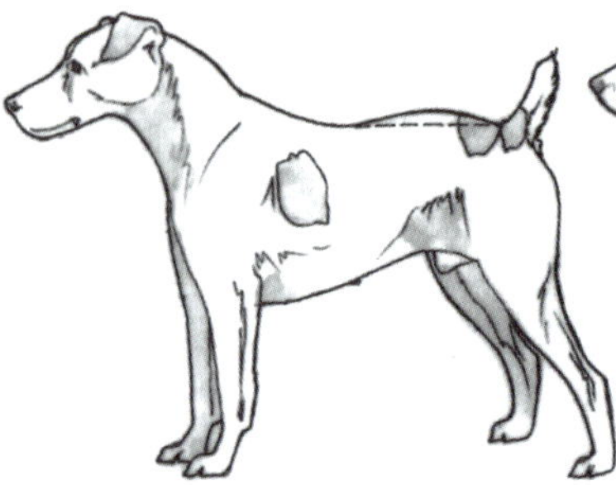

Dos voussé

Dos ensellé

Thorax pas assez développé

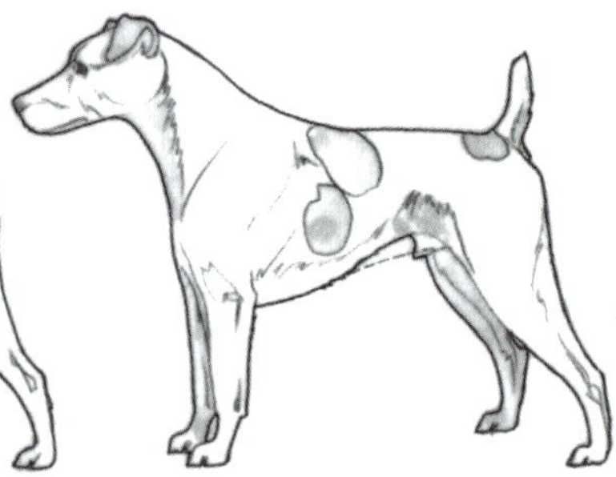

Ventre levretté

deur moyenne doivent pouvoir en faire le tour.
Le dos est solide et bien droit. Rein légèrement arqué. Bien proportionné, le dessus, du garrot à la naissance de la queue, a une longueur égale à la hauteur du garrot au sol (= chien plus long que haut). Deux précisions importantes dans cette partie : tout d'abord ces fameuses mains qui doivent pouvoir faire le tour de la poitrine ; on aurait préféré une précision en centimètres, plutôt que cette notion de « mains de grandeur moyenne » ! Ensuite, la précision que le Jack Russell Terrier est bien un chien « rectangulaire », et non un chien « carré ».

• Standard 1990 du Club : *le poitrail peu profond, étroit, les pattes de devant pas trop écartées, donnant une impression athlétique, plutôt que très lourde de poitrail. Le poitrail doit être d'une taille telle que l'on puisse joindre le majeur et le pouce des deux mains derrière les épaules du chien (mains de taille moyenne), quand le Terrier est en condition de travail.*
Le dos bien musclé, droit et en proportion avec la hauteur du Terrier, doit donner une image bien équilibrée. Les reins doivent être un petit peu en arche.

• Standard du Kennel Club : *la poitrine de profondeur modérée doit pouvoir être entourée derrière les épaules par deux mains de taille normale.*
Le dessus est droit et soutenu. Le rein légèrement arqué. Bien équilibré, la longueur du dos entre le garrot et la naissance de la queue est égale à la hauteur du garrot.

• Standard du New Zealand Club : *la poitrine est peu profonde. Les pattes de devant sont peu écartées donnant un aspect athlétique. Le dos est solide et droit. Le poitrail doit être d'une taille telle que l'on puisse l'enserrer entre ses deux mains (40 à 43 cm).*
Sa silhouette est courte, ramassée et musclée.

La description du corps est sensiblement la même suivant les différents standards. On remarquera pourtant que seule la Nouvelle-Zélande va donner une précision mesurée quant au périmètre du poitrail. Cette précision, à notre avis, serait la bienvenue dans le standard FCI.

Membres postérieurs

• Standard FCI : *forts, musclés, bien coudés, offrant un grasset bien angulé. Les jarrets, courts et parallèles, donnent beaucoup d'impulsion.*
Jarrets courts et parallèles donnent toute la puissance au Jack Russell Terrier. C'est une « propulsion arrière ».

MEMBRES POSTÉRIEURS DU JACK RUSSELL TERRIER

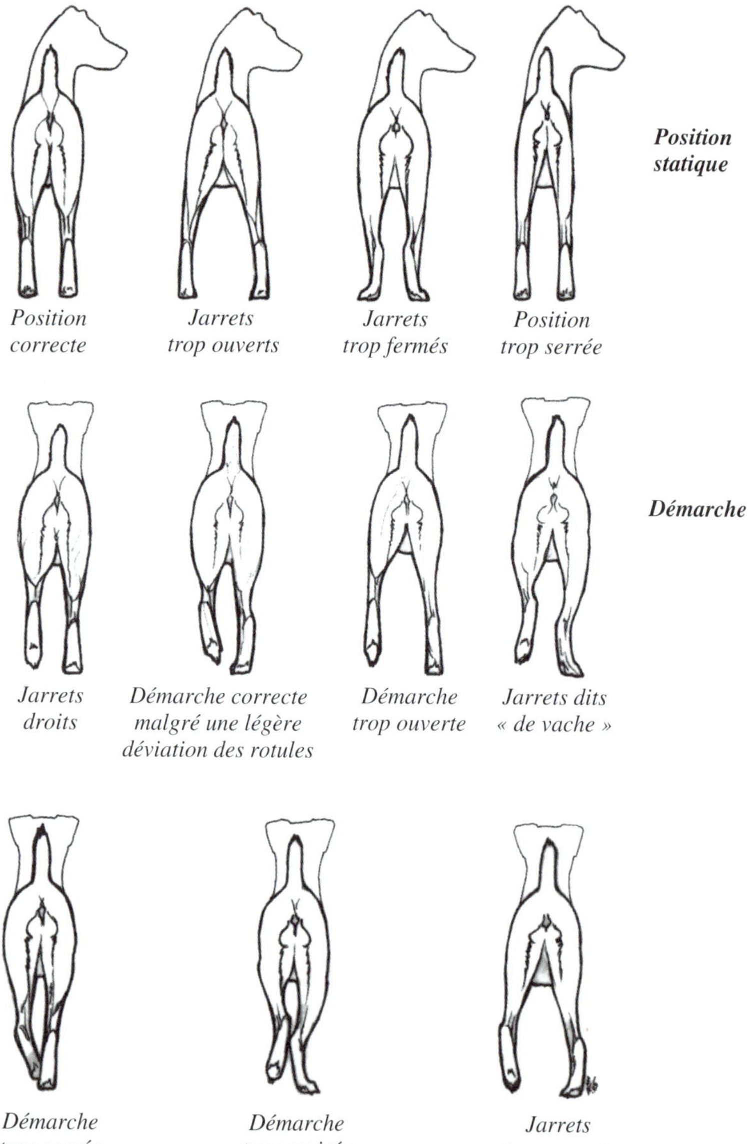

MAUVAISE ANGULATION DES POSTÉRIEURS

• Standard 1990 du Club : *(l'arrière-main) forte, bien musclée au grasset pour donner vitesse et propulsion. Vus de derrière, les jarrets doivent être droits.*

• Standard du Kennel Club : *(l'arrière-main) forte, musclée avec une bonne angulation et un genou bien angulé. Les jarrets courts et parallèles donnant une forte poussée.*

• Standard du New Zealand Kennel Club : *forts et musclés avec des jarrets courts et parallèles permettant une forte poussée. Le grasset est bien angulé.*
Un seul mot : jarrets courts.

Pieds

• Standard FCI : *doigts serrés, coussinets résistants. Les pieds ne sont tournés ni en dedans ni en dehors.*
Des coussinets biens entretenus éviteront aux chiens de se blesser lors de la traque.

• Standard 1990 du Club : *ronds, les coussins durs, le pied en forme de pied de chat, ne se tournant ni à l'intérieur ni à l'extérieur.*

• Standard du Kennel Club : *compacts avec des coussinets fermes, tournés ni en dehors ni en dedans.*

• Standard du New Zealand Kennel Club : *ronds à coussinets durs, ils ne tournent ni vers l'intérieur ni vers l'extérieur.*
Les pieds sont ronds et durs.

Queue

• Standard FCI : *forte, droite, attachée haut. Il est d'usage de la couper à la longueur en rapport avec celle du corps tout en étant suffisante pour offrir une bonne prise à la main qui la saisit.*
La coupe de la queue est plus une question de sécurité qu'une question d'usage. Elle sert ainsi de poignée.

LA QUEUE

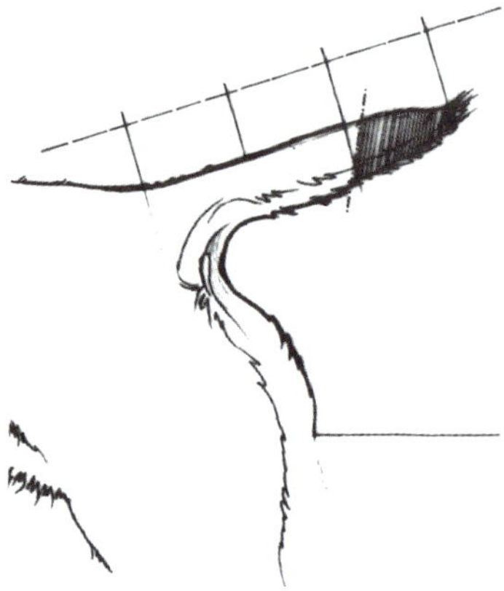

Amputation correcte de la queue

La queue est forte, droite, coupée à une longueur permettant la prise d'une bonne « poignée » © Labat/Cogis

• Standard 1990 du Club : *portée gaiement, plutôt haute, en proportion à la longueur du corps. À peu près 4 inches (10 cm) donnant ainsi une forte poignée.*

• Standard du Kennel Club : *forte, droite, attachée haut. Coupée à une bonne longueur permettant la prise d'une bonne « poignée ».*

• Standard du New Zealand Kennel Club : *portée gaiement. Elle doit être proportionnée au corps mais doit pouvoir servir de poignée pour extraire le chien du terrier.*

Les responsables de la cynophilie mondiale seraient bien inspirés de donner la précision sur le port « gai » d'une queue.

Allure

• Standard FCI : *dégagée, vive et bien coordonnée ; les membres se portent droit devant à l'avant comme à l'arrière.*
Aucune précision sur cette fameuse « allure dégagée ».

• Standard 1990 du Club : *le mouvement doit être libre, très vif, bien coordonné avec une action bien droite, de devant et de derrière.*

• Standard du Kennel Club : *facile, énergique, bien coordonnée ; bien d'aplomb entre l'avant et l'arrière.*

• Standard du New Zealand Kennel Club : *le mouvement doit être vif, libre, coordonné et parallèle.*

Une nouvelle fois la Nouvelle-Zélande nous propose la définition la plus précise et la plus complète.

Poil

• Standard FCI : *naturellement rêche, serré et dense, qu'il soit lisse ou dur. Le ventre et le dessous du chien sont munis de poils. La peau doit être épaisse et lâche.*
Les deux types de poil sont bien définis dans le standard : on parle bien de poil lisse et de poil dur. On peut penser d'ailleurs que l'on jugera tôt ou tard, comme chez le Fox Terrier, ces deux types séparément.

• Standard 1990 du Club : *ras, mais suffisant pour donner une bonne protection contre les éléments et les fourrés. Poil dur sans être laineux.*

• Standard du Kennel Club : *(la robe) naturellement raide, compacte et dense, qu'il soit à poil dur ou à poil lisse. Le ventre et les flancs sont recouverts de poils. La peau est épaisse et mobile.*

• Standard du New Zealand Kennel Club : *il est lisse ou dur et imperméable.*
Le premier standard ne parle que de poil dur.

Magnifique spécimen de Jack Russell à taches feu © Français/Cogis

Entièrement blanc avec des marques feu, citron ou noir, de préférence limitées à la tête
© Français/Cogis

Couleur

• Standard FCI : *entièrement blanc avec des marques feu, citron ou noir, de préférence limitées à la tête ou à la naissance de la queue.* C'est très clair dans le standard, le Jack Russell Terrier est un chien blanc.

• Standard 1990 du Club : *de fond blanc avec des taches feu, noires ou brunes.*

• Standard du Kennel Club : *entièrement blanc, avec des marques feu, jaunes ou noires, et de préférence à la tête et à l'attache de la queue.*

Le standard d'origine préconisait la couleur blanche pour que le chien soit mieux repéré en sortie de terrier © Hermeline/Cogis

• Standard du New Zealand Kennel Club : *le blanc doit dominer avec des marques noires, brun clair et brun foncé.*

Les éleveurs doivent faire une vraie sélection à la naissance, et ne pas faire reproduire un chien trop foncé.

Taille

• Standard FCI : *mâles : hauteur idéale au garrot 35 cm. Femelles : hauteur idéale au garrot 33 cm.*

> ***N.B.** Pour une période de transition d'une durée encore indéterminée, la taille des mâles et des femelles ne devrait pas être inférieure à 26 cm. Ces chiens qui ne correspondent pas aux tailles idéales sont jugés en exposition sans être pénalisés pour cette raison et sont admis sans restriction à l'élevage.*

Tout le problème concernant la taille du Jack Russell Terrier repose dans l'ambiguïté de ce N.B. Il faudrait qu'enfin la FCI se décide définitivement sur les deux tailles idéales qui sont et doivent rester 35 cm pour les mâles et 33 cm pour les femelles.

• Standard 1990 du Club : *pour les expositions, les chiens sont classés en deux catégories : 10 et 12 inches (25,5 à 30 cm) ; 12 et 15 inches (30,5 à 38 cm).*

• Standard du Kennel Club : *hauteur minimum 33 cm, idéalement 35 cm pour les mâles ; 30 cm, idéalement 33 cm pour les femelles.*

• Standard du New Zealand Kennel Club : *la taille idéale se situe entre 25 cm (10 inches) à 30 cm (12 inches). Le poids doit être en proportion, soit 1 kg pour 5 cm. La proportion idéale serait donc 5 kg pour 25 cm, 6 kg pour 30 cm.*

Ce sont les différents standards anglo-saxons qui ont créé le doute quant à la taille des JRT.

Critères de non-confirmation
(Standard FCI)

• *Monorchidie : un testicule. Cryptorchidie : pas de testicule.*

• *Agressivité ou timidité excessive.*

• *Œil jaune : vairon.*

• *Couleur de la robe ayant moins de 70 % de blanc.*

• *Dentition incomplète, on tolère :*
– le manque d'une incisive ;
– le manque de deux PM (prémolaire) sans compter les PM1.

Le JRT est devenu un chien à la mode © Français/Cogis

• *Mauvais articulé dentaire :*
– endognathie (mâchoire inférieure décalée en dedans de la mâchoire supérieure) ;
– prognathie (mâchoire inférieure passant devant la mâchoire supérieure) ;
– rétrognathie (mâchoire inférieure décalée en arrière de la mâchoire supérieure).

• *Taille :*
– au-dessous de 26 cm (tolérance 1 cm) ;
– au-dessus de 35 cm (pas de tolérance).

• *Tour de poitrine : ne pouvant être entouré entre le pouce et les index de deux mains moyennes ou supérieures à 45 cm.*

Le Jack Russell Terrier, comme beaucoup de « jeunes races », a bien du mal à trouver un standard qui mette tout le monde d'accord © Français/Cogis

On nous précise que l'œil jaune n'est pas confirmable, en fait c'est déjà précisé dans le standard, puisqu'il est bien dit : « Yeux sombres ». Bleu, jaune ou vert, les yeux de cette couleur ne sont pas confirmables.
La tolérance en matière de taille est de 10 cm (26 cm – 1 cm de tolérance, à 35 cm).

Lorsque nous avions écrit le premier ouvrage sur le JRT, nous trouvions déjà cette tolérance trop importante, 6 ans après nous en sommes toujours au même point !
Concernant le tour de poitrine il nous paraîtrait plus judicieux d'intégrer la mesure de 45 cm directement dans le standard.

Caractère et aptitudes naturelles

Comme il est défini dans le standard, le Jack Russell Terrier est un Terrier de travail qui peut aussi bien exercer ses qualités au déterrage que lors de la chasse au gros gibier, pour le sanglier par exemple. Si peu à peu le Jack Russell Terrier devient un chien de salon, il n'en reste pas moins que ses deux principales qualités naturelles restent le déterrage et la chasse au gros. Cela va influer sur son caractère naturel de chien volontaire et déterminé, qui n'a pas peur de grand-chose. On peut donc repren-

Mis en présence d'un gibier, le Jack Russell Terrier retrouve immédiatement son caractère d'origine © Labat/Cogis

NOTION DE CARACTÈRE

Le caractère d'un chien consiste en une série de schémas mentaux et de réponses aux stimuli de l'environnement que chaque sujet tire de son patrimoine génétique, et en partie des informations acquises et élaborées au cours de la vie.

Tous les chiens, de toutes races, possèdent une structure comportementale de base identique qui est un héritage du passé le plus ancien de l'espèce canine et qui n'est pas encore parfaitement connue : tous grognent, remuent la queue, ou encore marquent leur territoire. C'est après la domestication et à la division en races spécialisées que la sélection génétique opérée par l'homme a commencé à intervenir sur le caractère de l'animal. Des siècles de sélection poussée ont créé des races plus obéissantes que d'autres, plus affectueuses, plus agressives, ou plus joueuses.

Tous les chiens possèdent une structure comportementale de base identique qui est un héritage du passé © Français/Cogis

Le cas du Jack Russell Terrier est particulièrement intéressant à ce niveau. En effet, la légende qui voudrait que le révérend John Russell achève d'un coup de canne les chiens qui n'étaient pas capables de tenir en équilibre sur le pommeau de sa selle n'est peut-être pas si fausse, même si elle est particulièrement cruelle.
Les JRT devaient être capables de vivre avec et sur les chevaux, surtout lors des chasses au renard. La taille des pattes en est certainement une résultante.
La vie proche de l'homme est-elle fondamentale dans l'élaboration du caractère d'une race ? Ce n'est pas obligatoire. Certes, plus le chien est proche de l'homme, plus il est asservi, mais il garde malgré tout ses aptitudes originelles.
On pourrait prendre pour exemple les deux lignées de Samoyède : l'une était destinée à la traction des traîneaux, l'autre à la garde des camps. Or, actuellement, ces deux lignées sont confondues, et la race garde le même caractère. Même remarque pour les Terriers de salon comme le Westie ou le Dandie Dinmont, qui retrouvent immédiatement leur caractère d'origine lorsqu'ils sont mis en présence d'un gibier.
On voit donc pour conclure qu'il est dommage de transformer petit à petit le JRT en Terrier de salon. Qu'importe, le caractère est là, car ne dit-on pas que « bon sang ne saurait mentir ! »

dre une à une les différentes qualités de ce chien absolument hors du commun.

La chasse sous terre

La chasse sous terre est en fait l'art de prendre, à l'aide de chiens spécifiques, un gibier qui vit une grande partie de son temps sous le sol, comme le renard, le ragondin, voire même le blaireau. Il est bien évident que le *vrai* chasseur est, dans le cas présent, le chien. Il faudra donc qu'il soit un spécialiste de ce type de chasse tant par son caractère que par sa taille. Certains puristes prétendent que les chiens de déterrage ne doivent pas dépasser 35 cm au garrot. C'est en fait un faux problème, comme l'explique M. Tricqueneaux, président de la vénerie sous terre : « Je connais d'excellents “déterreurs” de 40, voire 41 cm au garrot. C'est plus l'angulation de l'épaule que la hauteur qui est importante dans ce cas. »
Ces chiens doivent être d'un courage exceptionnel, permettant d'attaquer dans l'obscurité absolue un animal agressif, résolu à défendre chèrement sa vie.
Les chiens de déterrage sont ainsi sélectionnés pour leur hargne, leur combativité et leur prudence. En effet, un chien trop mordant risque d'y laisser sa vie, surtout face à un

Les chiens de races doivent avoir un caractère équilibré qui correspond à leur spécificité © Français/Cogis

blaireau aux griffes particulièrement acérées. Sur ce point, M. Tricqueneaux a également son avis : « Certains chasseurs prétendent que le Jack Russell est trop petit et trop mordant pour chasser le blaireau. S'il est bien dans sa tête, il n'y a aucun problème ». La dernière qualité d'un bon chien déterreur est « la voix ». En effet, la terre étouffe les raffuts souterrains, il faut donc que le chien soit suffisamment bruyant après avoir bloqué le gibier dans le cul-de-sac du terrier. Une fois l'animal traqué, bloqué au fond du terrier, il ne restera plus aux chasseurs qu'à capturer l'animal. Le valeureux combattant pourra être soit éliminé (lorsqu'il y a trop de prédateurs sur un territoire déterminé, par exemple), soit épargné. C'est d'ailleurs le cas des blaireaux qui sont des alliés objectifs des lapins avec lesquels ils cohabitent volontiers, leur servant, dans certaines garennes, de « gardes du corps ».

Il est à préciser que la chasse souterraine ne peut se faire sans l'autorisation des instances départementales de la chasse. Celles-ci donnent également des autorisations de

débusquement de renards cachés dans les balles rondes de paille, en Picardie entre autres, et ce, avant l'ouverture de la chasse en plaine (lapin).
Les aptitudes naturelles sont jugées au cours d'un test pratiqué sur les chiens qui a pour nom « TAN », ou test d'aptitudes naturelles.

Test d'aptitudes naturelles ou « TAN » : le moyen de définir le caractère

Préambule

Les chiens de races ne doivent pas seulement être « beaux », selon des critères définis dans leur standard spécifique, ils doivent aussi avoir un caractère équilibré qui correspond à leur spécificité. C'est ainsi qu'un chien de chasse doit être naturellement chasseur, un chien de traîneau attiré par le harnais, un chien de berger naturellement protecteur, etc. Le principe devrait être connu par les futurs propriétaires de chiens, ou alors ce doit être aux différents clubs de race de faire circuler suffisamment d'informations auprès du public pour faire connaître le caractère du chien en question. Cela éviterait non seulement à des chiens nordiques de mourir d'ennui dans des appartements, mais aussi cela éviterait à de pauvres chiens qui n'ont rien demandé de finir en refuge de la SPA ou pire d'être abandonnés au moment des vacances.
S'il est facile de déterminer le caractère type d'une race spécifique (chasseur, gardien, etc.), il est beaucoup plus difficile d'établir un TAN (Test d'aptitudes naturelles), concernant les « chiens de compagnie » sans risquer que la race, petit à petit, n'ait, pour reprendre l'expression de Konrad Lorenz, « autant de caractère qu'un chien en peluche ».
Concernant le Jack Russell Terrier, il était par contre indispensable d'établir un TAN, rendu de fait obligatoire dans le standard.
Rappelons d'ailleurs les extraits des trois standards successifs :

• Standard anglais
Caractéristiques : (...) le Jack Russell Terrier est un Terrier de travail et (...) il doit en garder les instincts.

• Standard du Kennel club
Caractéristiques : essentiellement un Terrier de travail avec l'aptitude et la conformation pour chasser sous terre et courir avec des chiens courants.

• Standard FCI n° 339
Comportement-caractère : essentiellement un Terrier de travail que

ses aptitudes et sa conformation destinent au déterrage et à la suite des chiens courants.

À chaque fois, dans les trois standards, il est précisé qu'il s'agit d'un Terrier de travail ; il est donc recommandé de lui faire passer le TAN, surtout si l'on veut faire reproduire l'animal.
Cependant, le fait d'intégrer le TAN à l'obtention du pedigree nous paraît beaucoup plus aléatoire. Comme dans la plupart des races ayant un TAN, ce dernier devrait servir à classer les géniteurs (1er choix, recommandé, élite).

Règlement du TAN (élaboré par le Club français)

Le TAN doit se faire en deux parties jugées par le même juge.

Comportement d'ensemble (sur 10 points)

Dans un ring fermé où se tiennent le juge et son secrétaire, le maître et son chien évoluent, d'abord en laisse, puis en liberté. Le juge appréciera :
– vivacité, éveil, comportement d'ensemble (2 points) ;
– contact, rappel avec le maître (2 points) ;
– intelligence, intérêt, curiosité lors d'un bruit provoqué (imitant un animal), ou la chute d'un objet (2 points) ;
– sociabilité, le chien sur une table est examiné et manipulé par le juge (2 points) ;
– coup de fusil (2 points).

Aptitude à la chasse au renard (sur 20 points)

Dans un ring fermé, une cage grillagée referme l'animal de chasse qui reste bien visible. Le chien reste d'abord seul une minute, puis avec son maître qui peut l'encourager aux abois. Le juge peut pénétrer dans le ring pour faire bouger l'animal et provoquer l'intérêt du chien :
– indifférence (0 point) ;
– utilisation du nez (4 points) ;
– intérêt soutenu et persévérant devant la cage (4 points) ;
– gémissements et grognements devant la cage (4 points) ;
– quelques abois devant la cage (10 points) ;
– abois soutenus et prolongés (20 points) ;
– essais de prise sur la cage (20 points).

La démarche du chien peut être progressive ou d'emblée maximale.
Le maximum de points est 20.
L'échelle des points n'est qu'indicative.
L'impression générale du juge se notera de 0 à 20.
TAN positif à partir de 16 points.

Commentaires du TAN

La première partie appelée « comportement d'ensemble » est applicable à l'ensemble des chiens de chasse. Cependant, la réaction au coup de fusil sur un jeune chien (le TAN se déroule vers 13 mois) est peut-être un peu exagérée. La deuxième partie nous paraît beaucoup plus intéressante, car elle nous permet de juger vraiment l'instinct du chasseur de renard. Cependant, il serait intéressant de voir des comportements sur des chiens n'ayant jamais été mis en présence d'un renard, ce qui est loin d'être le cas pour certains. Dans ce cas, le test est obligatoirement faussé.

Le terrier artificiel

Avant de lâcher le Jack Russell Terrier dans un terrier naturel, il y a tout lieu de le tester en terrier artificiel. En effet, la bravoure ne s'invente pas plus que l'intelligence. Le terrier artificiel permet de mettre en avant trois caractéristiques :

– faire sortir le renard du terrier (on ne travaille que sur des renards dans ce cas) ;

– et/ou maintenir le renard au ferme (c'est-à-dire l'empêcher de s'échapper) sans défaillance jusqu'à l'arrivée des déterreurs ;

– et/ou prendre le renard. La prise n'est pas obligatoire mais est ren-

TERRIER ARTIFICIEL DU JACK RUSSELL TERRIER

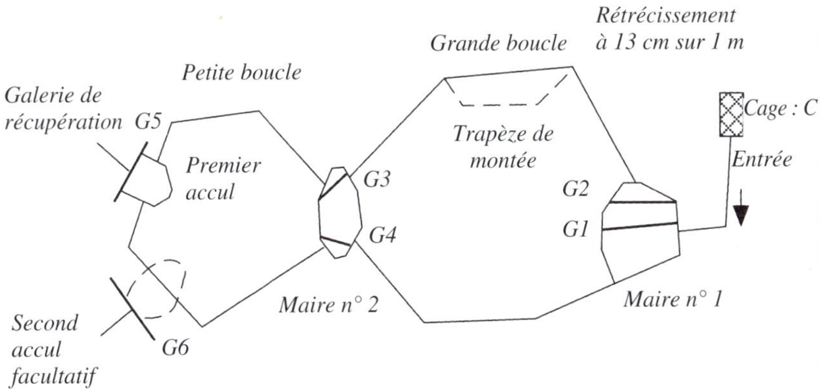

Développement du circuit : 50 m environ

due quelquefois nécessaire pour bien maintenir le renard. Cependant, un chien systématiquement mordant n'est pas obligatoirement un bon chasseur sous terre, car il peut être exposé à des morsures parfois dangereuses.

Description du terrier artificiel
(Extrait du règlement du club agréé par la SCC)

Dimensions
Plus ou moins 50 mètres de long, 16 cm de large et 18 cm de hauteur.

Descriptif
Une galerie d'entrée d'environ 6 mètres avec un coude conduit à une première maire ronde ou hexagonale d'environ 60 cm de diamètre. De cette maire partent deux galeries qui vont, en se rejoignant à la deuxième maire, former la première boucle d'un circuit grossièrement en forme de 8. L'une de ces deux galeries comporte un rétrécissement sur un mètre qui réduit sa largeur à 12 cm et se poursuit par une descente, une partie plate et une remontée, d'environ un mètre chacune. La deuxième galerie est

Groupe de Jack Russell Terriers © Labat/Cogis

Les chiens de déterrage sont sélectionnés pour leur combativité et leur prudence
© Hermeline/Cogis

dite de contournement. De la deuxième maire part la deuxième boucle qui est moins longue et comporte 1 ou 2 maires servant d'accul et de façon facultative une galerie d'un mètre pour la récupération du renard.

Construction et principes
Le terrier est formé de caissons de 50 cm de long, enterrés sur les 4/5e de leur hauteur, pouvant s'ouvrir partout facilement, à l'aide de couvercles mais bien clos afin que l'obscurité soit parfaite à l'intérieur. Le sol est formé de terre battue, sauf au niveau du trapèze de montée et de descente où le sol peut être bétonné. Au niveau de chaque maire, un dispositif de grilles coulissantes permet d'ouvrir ou de fermer toutes les galeries y arrivant (de 3 à 4). Chaque couvercle de caisson est muni d'un dispositif de fil électrique permettant de voir la progression et le passage du renard et du chien sans nuire à l'obscurité totale qui doit régner dans le terrier.

Déroulement du concours

Le renard est introduit par l'entrée et immobilisé dans la maire n° 1 à l'aide des grilles G1 et G2. Ensuite le chien est introduit par la même entrée et doit alors se porter le plus vite possible à la grille G1 de la maire n° 1 qui le sépare du renard et aboyer de façon cadencée et soutenue. Le chien sera éliminé s'il n'a pas donné de la voix au bout de 5 minutes. Des abois soutenus, fermes et cadencés devant la grille G1 pendant une minute sont considérés comme suffisants pour commencer l'épreuve proprement dite. Cette épreuve va durer alors 20 minutes à partir des premiers abois. Le renard sera alors libéré de la maire n° 1 lorsque la grille G2 sera soulevée. Cette grille conduit à la galerie qui comporte la descente et la montée. Dès que le renard atteint la maire n° 2, le chien est alors libéré à son tour et la poursuite peut alors commencer. Le jury se sera alors assuré au préalable de l'ouverture de l'ensemble des grilles à l'exception de celle des acculs (G5 - G6) qui s'opposent à la fuite du renard. Une grande cage grillagée (1 m^2 environ) est placée à l'entrée du terrier, elle permet de recueillir éventuellement le renard qui fuit et laisse entrer la lumière dans le terrier. Au bout de 10 minutes de poursuite, s'il n'y a pas d'accul spontané, de prise ou de saut forcé dans la cage (C), la poursuite se continue dans le petite boucle où est réalisé, à l'aide des grilles (G3 - G4), un accul supplémentaire.

Les jugements

(Source : club du Jack Russell Terrier)

Principes
(attribution de qualificatif) :
– Excellent (25 à 150 points) ;
– Très bon (100 à 125 points) ;
– Bon (75 à 100 points).

Attribution du CACT (Certificat d'Aptitude de Conformité au Travail) : à partir de 150 points.

Méthode d'attribution des points :
– travail à la grille (sur 20 points maximum) ;
– poursuite (sur 20 points maximum) ;
– voix (sur 20 points maximum) ;
– maintien satisfaisant à l'accul, et/ou prise, et/ou saut (sur 90 points) ;
La note finale se fait donc sur un total de 150 points.

Commentaires et jugements

• Le maximum de 20 points pour le travail à la grille ne peut être attribué qu'à des abois soutenus, puissants, persévérants et cadencés pendant une minute.

• Le maintien de 20 points en poursuite ne peut être attribué qu'à une poursuite rapide, passionnée et énergique. Elle sera idéale si le chien chasse plus volontiers la droite que le contre, autant que l'on puisse en juger.

• La qualité et la puissance de la voix sont essentielles sous terre. Cette qualité et son coefficient maximum de 20 points doivent permettre de départager les chiens à travail égal.

Notation du travail proprement dit (sur 90 points)
Pour l'attribution de cette note, le jury peut s'aider de trois paramètres essentiels, en leur attribuant à chacun une note maximum de 30 points. Ils sont : la passion, la persévérance, le mordant.
Cette cotation est un outil de travail pour le jury. Elle peut servir à départager à travail égal deux chiens, mais sans perdre de vue que le maximum de points de 90 sera donné de la même façon qu'il

Just a Jack. Prop. : Mme de Bellescize © APL

S'il sait donner de la voix sur le petit gibier, c'est plutôt au bois et dans les broussailles que le Jack donne le meilleur de lui-même © Labat/Cogis

s'agisse d'un travail d'accul, d'un travail de prise ou d'un travail de saut du renard (retour à la cage).

• Pour obtenir 90 points sur un travail d'accul naturel ou provoqué, le chien doit maintenir le renard au ferme par des abois cadencés, soutenus ou continus. Il peut reculer sur les attaques du renard, mais en résistant, en reprenant vite l'avantage et en dominant le renard. Ce travail est essentiel au terrier naturel. Il permet la chasse et le déterrage.

• Pour obtenir 90 points sur un travail de prise, le chien doit avoir au préalable maintenu le renard au ferme un temps suffisant. La prise ne se justifie pour un Jack Russell que sur une attaque du renard ou une contre-attaque du chien. Un chien trop mordant au terrier naturel interdit tout déterrage et sera vite blessé sur le blaireau.
Il semble d'autre part illusoire de penser qu'un Jack Russell puisse sortir un renard du terrier après la prise. Une prise rapide sans abois

soutenus n'est pas un bon travail. Dès qu'il y a prise, le jury attend 10 secondes et sépare très vite le chien et le renard. La meilleure prise est la gorge. Une prise de joue ou d'oreille est encore très bonne. La prise gueule dans gueule est douteuse et n'est pas recommandée.

• Pour obtenir 90 points sur un travail de saut du renard à l'entrée du terrier dans la cage grillagée, le chien doit avoir au préalable maintenu le renard au ferme un temps suffisant. Le renard doit être obligé de reculer et de « sauter » sur les attaques répétées du chien.
S'il s'agit d'un renard fuyard, dominé, qui « saute » tout de suite sans travail suffisant au ferme du chien, il sera repris et remis au terrier afin de provoquer un accul artificiel qui permettra de juger valablement le chien.

Jury

Deux juges de la Société centrale canine sont nécessaires. Ils sont choisis par l'organisateur avec l'accord du club :
– il peut s'agir d'un juge confirmé avec un stagiaire ou un élève juge ;
– un ou plusieurs élèves juges faisant des assessorats ne sont pas autorisés à donner des notes mais peuvent participer aux délibérations du jury.

Réglementation

• La durée des épreuves est fixée à 20 minutes par chien et peut être raccourcie à 15 minutes par décision du jury.

• Pour être validée, une épreuve de CACT doit comporter au moins 5 chiens.

• Le nombre de chiens admis par concours est fixé à 15.

• L'organisateur avec l'accord du jury peut dépasser légèrement ce chiffre exceptionnellement.

Les épreuves ne sont pas publiques : elles se déroulent sur un terrain privé. Seuls sont admis sur le terrain les organisateurs, le jury, les conducteurs et propriétaires de chiens et les invités. Le terrier proprement dit n'est accessible qu'au jury, aux aides et au conducteur (qui reste à l'entrée du terrier). Pour ce faire le terrier est enclos.

Engagements et admission

• Seuls sont admis au concours les Jack Russell Terrier inscrits au LOF, ou à titre initial, âgés d'au moins 12 mois révolus.

• Les chiennes en chaleur ne sont pas admises.

• Tous les chiens doivent être en parfaite santé, sans signe de ma-

Les chiens participant au concours doivent être en parfaite santé © Gauzargues/Cogis

ladies contagieuses et vaccinés contre la rage s'ils viennent d'une zone d'endémie rabique.

• Le jury a tout pouvoir de récuser un chien dont l'état de santé lui semble douteux.

Organisation

• Le club du Jack Russell Terrier, section travail du club de l'Airedale et divers Terriers est responsable de l'organisation des épreuves au terrier artificiel donnant droit au CACT.

• Il peut confier l'organisation des épreuves locales à ses délégations régionales ou à des membres correspondants.

• Chaque terrier d'épreuve doit être agréé par le club.

• Le club du Jack Russell Terrier choisit le jury de l'épreuve.

• Les engagements se font à l'ordre du club du Jack Russell Terrier.

• Le club se réserve le droit, sans avoir à en justifier les raisons, de refuser l'inscription d'un candidat au Certificat d'aptitudes de conformité au travail.

Commentaires sur cette épreuve

Outre son côté sportif, cette épreuve a pour but de tester les qualités naturelles du Jack Russell Terrier à la chasse sous terre. Cette épreuve est donc indispensable avant de passer au terrier naturel. Elle est moins dangereuse (du fait que l'on emploie des renards semi-domestiqués), mais tout aussi contraignante pour les chiens. Cependant, il nous paraît indispensable de préparer, voire entraîner les jeunes chiens à une telle épreuve, ne serait-ce que pour les habituer à l'obscurité.

Le terrier naturel

Le terrier artificiel ne signifie pas une fin en soi. Le but est d'amener progressivement le chien vers le terrier naturel où il exprimera totalement son instinct de chasseur souterrain. Il devient alors l'auxiliaire précieux et indispensable de l'homme pour la chasse aux nuisibles, les renards entre autres.

Mais outre la chasse « libre » au terrier naturel, il existe des concours au terrier naturel qui permettent de mettre en avant les qualités des chiens.
Nous vous présentons le règlement des concours en terrier naturel. Ce règlement est applicable aux Fox Terriers, Terriers d'Écosse et Terriers divers, agréés par la SCC.

Préambule

Pour que les concurrents soient placés autant que possible devant les mêmes difficultés, les organisateurs devront trouver pour ces concours une région où les terriers sont suffisamment nombreux pour y trouver, dans un rayon rapproché, 2 ou 3 terriers occupés, de même importance et offrant des difficultés approximativement semblables – ainsi qu'un terrier antérieurement occupé – mais évacué peu avant le concours pour faire effectuer aux concurrents une épreuve de recherches et d'exploration dans des conditions égales.

Première épreuve : le terrier vide

Entrée spontanée et recherche rapide.
Après recherche sans succès, sortie animée pour l'inspection par une autre bouche qui serait meilleure.

Tweed et Gi. Prop. : Geoffroy Vivaux © APL

• Points faibles :
– entrée au terrier avec hésitation ou contrainte ;
– parcourir le terrier avec une évidente paresse (qui ne doit pas être confondue avec la prudence d'un bon fouisseur), faire de longs détours inutiles, s'arrêter longuement sur place ;
– donner de la voix à faux (un coup de gueule isolée, quelques gémissements d'énervement ne sont pas qualifiés de « donner de la voix » et ne peuvent être considérés comme faute) ;
– le refus de sortir du terrier (le chien doit explorer pour l'utilité de son maître et non pour sa satisfaction personnelle).

N.B. *Le conducteur peut reprendre son chien par une autre bouche, si le chien a bien effectué sa visite. Un chien, qui se trouve gêné à l'intérieur pour passer et ressort, ne sera pas considéré comme étant en faute à condition qu'il cherche à rentrer par une autre bouche et effectuer tout de même le parcours sans avoir été encouragé. Si le terrier utilisé pour le passage à vide est grand et comprend des compartiments distincts, chaque partie pourra être utilisée par un groupe différent de chiens.*

Deuxième épreuve : le terrier habité

La durée de l'épreuve au terrier habité est constitué par cinq opérations distinctes.
Le barème des points s'établit comme suit :
- recherche par le chien (5 points) ;
- exploration, prise de contact (10 points) ;
- mise à l'accul (12 points) ;
- résistance aux attaques et tenue à l'accul (15 points) ;
- voix et cadence (8 points).

Recherche extérieure de la bouche la plus odorante

Le chien est placé à égale distance des bouches, un peu en retrait, si possible à contrevent, afin que l'odeur lui soit plus facile à déceler. Cet endroit doit être le même pour tous les concurrents. En principe c'est le juge qui le choisit.
Lâché, le chien doit rechercher lui-même la bouche la plus odorante et y pénétrer. Au moment où il lâche son élève, le conducteur, sans quitter sa place, peut l'encourager par quelques claquements de langue ou deux ou trois encouragements de la voix.
Si le chien ne fait pas cette recherche seul, son conducteur peut le conduire à une entrée, mais il perd des points.
La durée de l'épreuve au terrier habité est fixée à 30 minutes, mais ce délai peut être modifié en raison du nombre des concurrents.
Le chien qui aura été placé devant une ou plusieurs bouches et aura refusé d'entrer sera retiré du concours.

Exploration et prise de contact

Le chien doit pénétrer franchement au terrier et sans contrainte, faire une recherche silencieuse, prudente mais sûre jusqu'au fauve. Il doit avertir de sa prise de contact par des abois énergiques ayant un ton menaçant, le houspiller pour le forcer à fuir vers l'accul. Les abois doivent être en fonction de la résistance du fauve.

Poursuite et harcèlement jusqu'à l'accul

Le fauve décolle et se retire devant le chien. Celui-ci doit le poursuivre prudemment et en silence, mais à chaque arrêt du fauve, le chien doit reprendre le contact d'une voix énergique et le houspiller pour l'obliger à reprendre la fuite. Un chien qui aboie pendant la poursuite ne commet pas de faute si la poursuite est rapide et qu'il suive le fauve de très près. Les grognements sont admis, même dans une poursuite lente. La poursuite doit être serrée, le chien devant pousser le fauve dans le temps le plus court à l'accul. Si un chien est arrêté par un étranglement du terrier ou un autre obstacle et, qu'après avoir gratté pour se faire un passage, sans succès, il ressort, pénètre de lui-même, sans commandement, dans une autre galerie et reprenne le contact, ce ne sera pas une faute. Le temps qu'il aura perdu ainsi devra être fait en double après son temps normal.

Son nez et son instinct font du Jack Russell un compagnon idéal pour les chasseurs citadins
© Français/Cogis

Face au sanglier, le Jack se montre brave, voire teigneux, sans pour autant être inconscient © Lili/Cogis

Résistance aux attaques du fauve et tenue à l'accul

Le chien ayant conduit le fauve à l'accul doit l'y maintenir par son attitude ferme en donnant de la voix régulièrement.
Les abois doivent être cadencés. Le chien doit tenir le ferme assez près et résister aux charges du fauve, mais il doit éviter le combat corps à corps.
Si le fauve cherche à creuser, le chien doit le houspiller pour l'obliger à faire face.

Timbre et cadence de la voix

La voix doit être nette, sonore, distincte. La tonalité doit être différente selon les phases de la chasse. Régulière et cadencée quand le fauve essaie de se déplacer. Pendant la tenue à l'accul, il n'est pas nécessaire que les abois soient continus ; quelques abois rapprochés à quelques secondes d'intervalle, à un rythme régulier sont préférables, car le chien se fatigue moins.

• Points forts :
– choix rapide de la bouche la plus odorante ;
– harcèlement tenace du fauve ;
– résistance vigoureuse aux attaques du fauve ;
– spontanéité dans l'accomplissement du travail.

Le Jack Russell Terrier, un vrai chasseur de « cochon » © Lili/Cogis

• Points faibles :
– entrée hésitante au terrier ;
– recul à la prise de contact ;
– manque d'énergie aux prises de contact ;
– lenteur de la poursuite ;
– reculs accentués aux charges du fauve ;
– recul par lassitude ou devant la terre lancée par le fauve ;
– manque d'énergie dans le harcèlement, ce qui permet au fauve de creuser ;
– encouragements excessifs de la voix ;
– interruption du contact et retour.

Le coefficient de qualité et l'attribution des prix seront les mêmes que pour les concours au terrier artificiel.

Commentaires sur cette épreuve

Cette épreuve permet d'étalonner les chiens de façon à faire ressortir les meilleurs éléments pour la chasse sous-terre. Comme nous l'avons vu précédemment l'interdiction des appâts empoisonnés et des pièges à palette risque d'entraîner la prolifération d'animaux nuisibles comme le renard ou le ragondin. Or, le déterrage reste dans ce cas la seule technique valable et écologique. En effet, les animaux bloqués ne sont pas obligatoirement tués.

Épreuve de quête au bois et de broussaillage

Le Jack Russell Terrier n'est pas un chien de chasse au sens même de la définition de celui-ci. Pourtant son nez et son instinct peuvent en faire un compagnon idéal pour les chasseurs citadins qui ne veulent pas s'encombrer de chiens trop grands. S'il sait donner de la voix sur le petit gibier, c'est plutôt au bois et dans les broussailles qu'il donne le meilleur de lui-même. Face aux imposants sangliers, il se montre très brave, voire teigneux, sans pour autant être inconscient. Il n'existe pas de règlement proprement dit concernant l'épreuve de quête au bois et de broussaillage spécifique au Jack Russell Terrier. On utilisera donc le règlement du 11 octobre 1991 approuvé par la SCC.

Règlement

Objet

Elle permet de mettre en évidence les qualités des Fox Terriers, Terriers d'Écosse et Terriers divers pour faire sauter un gibier hors de l'enceinte après l'avoir trouvé et lancé.

Territoire

Cette épreuve ne peut avoir lieu que dans un territoire de chasse au bois ou lande d'une superficie suf-

fisante, comportant une densité correcte de gibiers divers ongulés. Il faut pouvoir donner deux chances au chien pour que l'on puisse vérifier l'aptitude ou la non-aptitude du chien à examiner. Les broussailles à lapin ne sauraient constituer un territoire valable pour une épreuve de quête au bois, ce qui implique que ces enceintes comportent du taillis sous futaie dense, des fourrés, en général tout ce qui constitue des remises à gibier.
Le rapport des juges devra être précis sur la nature du terrain et la densité du gibier. Cette épreuve pourra éventuellement se dérouler dans un enclos d'une superficie d'au moins 200 ha où la densité du gibier peut être comparée à celle d'une chasse en milieu ouvert.

Déroulement de l'épreuve

Un président du jury – juge qualifié –, un jeune stagiaire et deux élèves juges.

1. Les juges se postent sur chacun des côtés. La superficie de l'enceinte sera d'un hectare minimum.

2. Le conducteur attaquera l'enceinte en compagnie de son chien ou le lâchera dans celle-ci sans y pénétrer, le choix lui en incombera. En aucun cas le conducteur ne devra appuyer son chien de la voix avant qu'un gibier ne soit lancé. Les juges devront alors apprécier :
a) la persévérance du chien ;
b) sa volonté à faire sauter l'animal de chasse qui ne sera pas confondu avec un gibier qui se dérobe ;
c) la qualité de la voix du chien qui donne à vue ou sur la voix chaude de l'animal de chasse.

Au cas où le chien n'aurait pris connaissance d'aucun gibier, l'enceinte sera donnée au deuxième chien, s'il ne trouve pas au troisième, chacun des chiens bénéficiant des mêmes conditions à savoir un quart d'heure. Si un gibier est lancé par le 2e ou le 3e chien, le chien n° 1 et le chien n° 2 seront éliminés. Le président du jury est le seul à décider de déclarer la traque vide. Il sera alors décidé de changer de traque et de redonner une chance au premier chien. Quand le chien aura trouvé une voie, il devra quêter avec persévérance sans le soutien de son conducteur ou d'un autre chien. Quand le chien aura lancé son animal, le conducteur pourra, s'il le désire, l'appuyer de la voix sans pour cela couvrir celle du chien qui devra faire sauter l'animal de chasse hors de l'enceinte en donnant à vue ou par moment sur la voie chaude du gibier. Si le chien ne revient pas à son conducteur dans un délai d'une demi-heure

Just a Jack. Prop. : Mme de Bellescize © APL

sans que l'absence en soit due aux circonstances de la chasse, ce dernier sera alors éliminé ; il sera également vérifié la sûreté du chien aux coups de feu durant l'action de chasse. Suivant la qualité du travail, un coefficient de zéro à trois sera alors attribué.

• Points forts :
– le chien devra être persévérant dans sa quête, en aucun cas le conducteur ne devra faire le travail à la place du chien ;
– le chien devra donner de la voix à vue ou sur la voie chaude ;
– le chien devra sortir de la traque à l'endroit du débouché du gibier ;
– tout chien ayant peur du coup de feu sera éliminé.

Notation
Pour obtenir le sigle chasse sous terre et broussaillage, le chien devra avoir obtenu une note entre 120 et 150. La réussite à cette épreuve ouvre la Classe Travail en exposition. Le signe TTB sera alors porté sur le pedigree. En annexe à l'épreuve individuelle, le club pourra organiser une épreuve par lot de trois à cinq chiens de même race et de même poil où il sera rendu compte du comportement du lot après le lancé. Le sigle TTB ne peut être attribué dans l'épreuve par lot.

Commentaires à ce règlement

Le développement du « cochon », surtout dans l'est de la France, va très certainement modifier les plans de chasse dans les années à venir. Dans cette chasse bien particulière, les chiens de plaine sont souvent inopérants. Les Terriers sont donc de plus en plus recherchés. Le Jack Russell Terrier a donc un très grand avenir dans ce type de chasse. Pourtant le signe TTB ne lui ouvre pas la classe Travail en exposition, la seule référence pour ce chien étant le renard. On peut penser qu'avec l'augmentation du nombre de Jack Russell Terriers, il pourra bientôt être admis en classe Travail dans les expositions canines.

Élevage et reproduction

Règlement international d'élevage
(Berne, juin 1979)

Préambule

1. Les droits et obligations réciproques des propriétaires ou des possesseurs d'étalons et de lices sont déterminés par les associations d'élevage et par le droit national et les règlements pris par les associations d'élevage et par les associations cynologiques nationales, ainsi que par des conventions particulières. Dans le cas où de telles dispositions n'existeraient pas, c'est le règlement international d'élevage de la FCI qui est applicable.
Il est recommandé, de façon pressante, aux éleveurs, propriétaires ou possesseurs d'étalons, de déterminer, par écrit, les conditions dans lesquelles se fera la saillie, afin de créer une situation claire en ce qui concerne les obligations financières.
Le règlement d'élevage de la FCI doit être applicable pour tous les cas qui ne sont pas réglés par le droit ou les règlements d'élevage nationaux.

Transport et frais d'entretien de la lice

2. Il est recommandé aux propriétaires de lices d'amener la chienne à saillir auprès du mâle soit personnellement, soit par une tierce personne. Dans le cas où une chienne demeurerait plusieurs jours chez le possesseur de l'étalon, tous les frais en résultant tels qu'alimentation, hébergement, soins vétérinaires éventuellement, ainsi que les dommages que la chienne viendrait à provoquer à l'installation d'élevage ou à l'habitation du possesseur de l'étalon, sont à la charge du propriétaire de la chienne. Le transport de retour de la chienne s'effectue aux frais de son propriétaire.

Responsabilité

3. En conformité avec les dispositions légales ayant cours dans différents pays, est responsable des dommages pouvant être causés par l'animal, la personne qui, au moment du dommage, assure l'hébergement et les soins de l'animal.
Dans le cas où la chienne demeure un ou plusieurs jours sous la surveillance du possesseur de l'étalon, ce dernier est considéré de par la loi, comme la personne assumant la garde de l'animal, et de ce fait, est responsable des dommages que la chienne pourrait occasionner à des tierces personnes.
Le possesseur (personne assumant la garde) de l'étalon doit tenir compte de ce qui précède, lors de la conclusion d'un contrat d'assurance personnel en responsabilité civile.

Décès de la chienne

4. Dans le cas où la chienne viendrait à décéder pendant le séjour chez le possesseur de l'étalon, ce dernier s'oblige, à ses frais, à faire constater le décès et sa cause par un médecin vétérinaire. Il informe, de la manière la plus rapide possible, le propriétaire de la chienne, du décès et de la cause.
Dans le cas où le décès serait occasionné par la faute du possesseur de l'étalon, ce dernier est tenu à prestation de dommages et intérêts envers le propriétaire de la chienne.
Dans le cas où aucune faute ne peut lui être reprochée, il appartient au propriétaire de la chienne de rembourser, au possesseur de l'étalon, tous les frais en corrélation avec le décès de la chienne.

Choix de l'étalon

5. Le possesseur de l'étalon s'oblige à ne faire saillir la lice que par l'étalon prévu à l'exclusion de tout autre.
Dans le cas où l'étalon ne procéderait pas à la saillie, la lice ne peut être mise en rapport avec un autre étalon qu'avec l'accord du propriétaire.
De toute façon, il est interdit de laisser saillir une lice par deux ou plusieurs étalons pendant ses mêmes chaleurs.

Saillie erronée

6. Dans le cas où il y aurait accidentellement, mais non intentionnellement, une saillie par un étalon autre que celui convenu, le possesseur de l'étalon qui a pris la lice sous sa garde est obligé de rembourser au propriétaire de la lice tous les frais occasionnés par cette saillie erronée.

Après une saillie non intentionnelle par un étalon autre que celui prévu, il est interdit de procéder à une nouvelle saillie avec l'étalon qui avait été prévu à cet effet.

Le propriétaire de l'étalon ne peut en aucun cas, pour une telle saillie, prétendre imposer des obligations financières à l'encontre du propriétaire de la lice.

Attestation de saillie

7. Le propriétaire de l'étalon certifie, par la rédaction d'une attestation, de l'exécution correcte de la saillie. Il confirme, en apposant sa signature sur le document, qu'il a été témoin oculaire de la saillie.

Pour le cas où les services tenant

On peut estimer que le prix de la saillie se situe à la moitié du prix d'un chiot
© Lanceau/Cogis

Il est recommandé aux éleveurs, propriétaires ou possesseurs d'étalons, de déterminer, par écrit, les conditions dans lesquelles se fera la saillie © Hermeline/Cogis

le Livre des Origines d'un pays où la portée doit être enregistrée prévoient certains formulaires spéciaux, il appartient au propriétaire de la lice de se les procurer, de les remplir correctement et de les présenter à la signature du possesseur de l'étalon.

Cette attestation de saillie doit contenir obligatoirement les renseignements suivants : nom et numéro d'inscription au Livre des Origines de l'étalon ; nom et numéro d'inscription au Livre des Origines de la lice ; nom et adresse du possesseur de l'étalon ; nom et adresse du propriétaire de la lice au moment de la saillie, éventuellement, la date d'acquisition de la lice ; lieu et date de la saillie ; signature du possesseur de l'étalon et du propriétaire de la chienne ; dans le cas où les services tenant le Livre des Origines exigent pour l'inscription des chiots une photocopie certifiée conforme, ou un extrait certifié conforme, du pedigree, il appartient au possesseur de l'étalon de remettre, à titre gratuit, ces documents à la disposition du propriétaire de la lice.

Dédommagement pour la saillie

8. Il est recommandé au possesseur de l'étalon de ne signer l'attestation de saillie qu'après paiement du prix préalablement fixé pour la saillie.
Une rétention de la lice en tant que gage n'est toutefois pas permise.

9. Si l'étalon dont il a été convenu ne procède pas à la saillie pour quelque raison que ce soit, ou parce que la lice ne se laisse pas saillir, faisant que la saillie n'a pas été effectivement exécutée, le possesseur de l'étalon n'en garde pas moins le droit aux dédommagements prévus à l'article 2, mais ne peut prétendre au prix convenu pour la saillie.

10. Pour ce qui concerne la descendance de l'étalon, le possesseur de l'étalon n'a pas droit, vis-à-vis du propriétaire de la lice, à des dédommagements autres que ceux prévus pour la saillie.
Il n'a aucun droit de se faire remettre un chiot, sauf si le propriétaire de l'étalon désire en garder un pour son élevage, sous condition de ne pas le vendre.
Lorsque les parties se sont mises d'accord pour la remise d'un chiot en tant qu'indemnité pour la saillie, cet accord doit alors être formulé par écrit et avant la saillie. Dans un tel accord, les points suivants doivent absolument être précisés et respectés : le moment du choix du chiot par le propriétaire de l'étalon ; le moment de la remise du chiot au possesseur de l'étalon ; le moment à partir duquel le droit au choix par le possesseur de l'étalon est irrévocablement prescrit ; le règlement des frais de transport ; les accords spéciaux pour le cas où la lice ne met bas que des chiots mort-nés ou qu'un seul chiot vivant, ou pour le cas où le chiot viendrait à décéder avant la remise.

La lice demeure vide

11. Après une saillie exécutée correctement, on considère que l'étalon a satisfait à ses obligations et que, dès lors, les conditions pour avoir droit au dédommagement convenu sont remplies. Elles ne constituent pas une garantie quant au fait que la lice soit pleine. Il est laissé à l'appréciation du propriétaire de l'étalon, lorsque la lice demeure vide, soit d'accorder à une prochaine chaleur de cette dernière une saillie à titre gratuit, soit de rembourser une partie de l'indemnité obtenue pour la saillie. Un tel accord doit être fixé par écrit avant la saillie, dans le contrat de saillie. Le droit convenu à une saillie gratuite s'éteint toutefois, en principe, au décès de l'étalon ou lors du changement de possesseur de ce dernier ou avec le décès de la lice.

Insémination artificielle

12. En cas d'insémination artificielle de la lice le docteur-vétérinaire qui a recueilli le sperme de l'étalon doit certifier, à l'aide d'une attestation à remettre au service tenant le Livre des Origines où les chiots doivent être enregistrés, que le sperme frais ou congelé émane bien de l'étalon dont il a été convenu. Par ailleurs, les attestations prévues à l'article 7 doivent être mises à la disposition du propriétaire de la lice par le possesseur de l'étalon et à titre gratuit.
Tous les frais encourus pour recueillir le sperme sont à la charge du propriétaire de la lice. Les frais relatifs à l'insémination sont également à la charge du propriétaire de la lice. Le docteur-vétérinaire qui procède à l'insémination de la lice doit confirmer auprès des services tenant le Livre des Origines que la lice a bien été inséminée à l'aide du sperme provenant de l'étalon prévu pour la saillie. Dans cette attestation, il convient de faire figurer également le lieu et la date de l'insémination, le nom et le numéro d'inscription du Livre des Origines de la lice, ainsi que le nom et l'adresse du propriétaire de la lice.
Le propriétaire de l'étalon fournissant le sperme doit délivrer au propriétaire de la lice, en plus de l'attestation fournie par le docteur-vétérinaire, une attestation officielle de saillie.

Cession du droit d'élevage

13. On considère, de manière générale, que le propriétaire de la lice, au moment de la saillie, est l'éleveur de la portée.
Le droit à l'utilisation de la portée d'une lice ou d'un étalon peut toutefois être transféré, par un accord contractuel, à une tierce personne. Un tel transfert doit, dans tous les cas, être attesté par écrit, avant la saillie projetée. Une telle cession du droit d'élevage constatée par écrit doit être déclarée à temps au service compétent du Livre des Origines, et éventuellement, à l'association d'élevage compétente pour cette race. Elle doit être jointe à la déclaration de la portée. Il convient de décrire très exactement dans la cession du droit d'élevage les droits et obligations des deux parties contractantes.
La tierce personne qui prend temporairement le droit d'élevage d'une lice est considérée comme la propriétaire de celle-ci, au sens du présent règlement, pour une période allant de la saillie jusqu'au moment du sevrage.

Inscription des chiots au Livre des origines

14. Sauf dispositions contraires, on considère que le nouveau propriétaire, lors d'une vente d'une chienne pleine, est automatiquement l'éleveur de la portée à venir. Les chiots sont inscrits au Livre des Origines du pays dans lequel le propriétaire de la lice a sa résidence habituelle, et portent son affixe.

15. Les chiots sont inscrits, en principe, au Livre des Origines, du pays où le propriétaire de la lice a sa résidence habituelle.
En cas de contestation, il doit obligatoirement produire une attestation de l'autorité tenant le registre des domiciles (résidences habituelles).
Des exceptions sont tolérées pour des éleveurs de chiens de race vivant dans un pays ne tenant aucun Livre d'Élevage reconnu par la FCI.
Il est laissé à l'appréciation de ce dernier de procéder à l'inscription des chiots dans un Livre d'Élevage reconnu.

Les règlements d'élevage des pays membres

16. Les règlements d'élevage des pays membres ne peuvent contenir de dispositions qui seraient en contradiction avec le présent règlement d'élevage de la FCI.

Dispositions finales

17. Ce règlement remplace la « Coutume Internationale d'Élevage de Monaco » de l'année 1934. En cas de divergence d'interprétation, le texte allemand est déterminant.
Adopté à l'Assemblée générale de la FCI des 11 et 12 juin 1979 à Berne (Suisse).
Addenda point 12 adopté par l'Assemblée générale de Jérusalem les 23 et 24 juin 1987.

Commentaires sur le règlement international d'élevage

Derrière le principe, il y a l'application et la pratique. Le cheptel des Jack Russell Terriers français évolue en qualité et en quantité si les propriétaires d'étalons et de femelles reproductrices entretiennent des rapports amicaux qui vont au-delà du fameux règlement. Tant que certains éleveurs continueront à sélectionner les étalons uniquement à cause de leurs aptitudes de reproducteurs et non sur des critères objectifs de qualité par rapport au standard, le cheptel français traversera des hauts et des bas. Ceci nous amène à traiter du prix de la saillie. S'il n'est pas normal que les propriétaires de champions fassent « flamber » les prix eu égard à la qualité de leur animal, il n'est pas normal non plus que les propriétaires de femelles spéculent à la baisse concernant le choix du mâle. Les géniteurs doivent être

Les géniteurs doivent être choisis en fonction de leurs qualités propres et de leur ascendance © Français/Cogis

choisis en fonction de leurs qualités propres (beauté) et de leur ascendance. On peut donc estimer que le prix de la saillie se situe à la moitié du prix d'un chiot ou qu'il doit être remplacé par un choix d'élevage. Ce choix d'élevage doit continuer à exister, d'abord parce qu'il est inscrit dans le règlement international, ensuite parce qu'il permettra de fixer les types des champions français.
L'arrivée imminente de contrôles d'ADN systématiquement appliqué à l'élevage canin ne pourra que le moraliser.

Tout savoir sur l'affixe

En matière d'élevage canin l'affixe est la « marque de fabrique » de l'éleveur ; c'est le signe de reconnaissance qui permet à certains juges d'évaluer un chien avant même de l'avoir vu ! Plus sérieusement l'affixe permet de suivre des lignées dans telle ou telle race et d'éviter ainsi certaines mésalliances. Pourtant avant d'être un blason, l'affixe est une « marque administrative » de l'éleveur, ce qui entraîne des droits et bien sûr des obligations.

L'affixe permet de suivre des lignées dans telle ou telle race et d'éviter ainsi certaines mésalliances © Français/Cogis

GRILLE DE SÉLECTION DES GÉNITEURS JACK RUSSELL TERRIERS

• 1 point

Confirmé simple (chien conforme au standard de la race et exempt de tares éliminatoires).

• 2 points

Confirmé au 1er choix (qualificatif Excellent avec examen approfondi des allures et du comportement : le Jack Russell Terrier ne doit être ni peureux ni agressif, ni hyperagressif).

NB. Les deux examens peuvent être effectués en même temps par les juges et experts confirmateurs. Le point 2 ne peut être obtenu sans le 1 et il est indispensable pour obtenir le point 3. Il n'est pas indispensable à l'obtention des points 4, 5 et 6.

• 3 points

Sujet ayant obtenu un Excellent en classe de jeunes en Nationale d'Élevage.

NB. Le 3 ne peut être obtenu sans le 2 mais n'est pas indispensable pour obtenir les points 4, 5 et 6.

• 4 points

Recommandé d'après le phénotype (apparence). Sujet ayant obtenu 3 Excellent sous 3 juges différents en Spéciale ou en Nationale d'Élevage ou en Championnat de France et qui a passé avec succès les épreuves du TAN, Test d'aptitudes naturelles (cf. Chapitre Champions).
Avoir obtenu à la lecture officielle des examens radiographiques de la dysplasie de la hanche la lettre « A » ou « B ».

• 5 points

Reproduction d'Élite B (d'après le génotype) sans être recommandé 4 (ne peut cependant être obtenu sans le TAN).
Sujet ayant produit 5 descendants ayant obtenu un Excellent en Spéciale ou en Nationale d'Élevage ou en Championnat de France (pour les mâles, avec 2 femelles au moins ; pour les femelles, avec 2 mâles au moins).
Avoir obtenu à la lecture officielle des examens radiographiques de la dysplasie de la hanche la lettre « A » ou « B ».

• *6 points*

Reproduction d'Élite A (d'après le génotype)
Sujet remplissant les conditions de 5 et également Recommandé d'après le phénotype 4.

NB. Le chien recommandé 4 peut perdre sa recommandation si ses produits sont porteurs de tares.
Le TAN sera passé au plus tôt à l'âge de 8 mois et au plus tard à l'âge de 36 mois.

LES CHIFFRES CLÉS DE L'ÉLEVAGE DU JACK RUSSELL TERRIER

Nombre de périodes de chaleurs par an	2 (tous les 6 mois environ)
Durée des chaleurs	20 jours
Durée de la gestation	55-70 jours
Nombre de fœtus	1 à 16
Croissance	15-18 mois
Espérance de vie	12 ans en moyenne

Un peu de vocabulaire

En terme générique, qu'est-ce qu'un affixe ? Pour ce faire reportons-nous vers le dictionnaire :
« *Nom masculin. Particule qui se met au commencement ou à la fin des mots pour en modifier la signification ; exemple dans parsemer,* par *et* er *sont des affixes.* »
Concernant l'élevage canin, l'affixe est dans ce cas une dénomination qui s'ajoute au nom du chien et qui permet immédiatement lors de la lecture du nom de savoir de quel élevage l'animal provient. Comme pour les noms communs, l'affixe peut être un préfixe s'il est placé avant le nom du chien (exemple : Sweet Lady), ou un suffixe s'il est placé derrière le nom du chien (exemple : Lady de la Vallée Verte). À la lecture des affixes français, on se rend compte qu'il s'agit bien plus souvent de préfixes, alors que les affixes anglo-saxons sont plus souvent des suffixes.

L'affixe est aussi un contrat

Prendre un affixe est une décision importante dans la vie d'un éleveur ; il entre de plain-pied dans la « grande famille », mais surtout il s'engage, à partir de cet instant, à respecter une suite de dispositions qui sont :

– ne produire et n'élever que des chiens inscrits au Livre des origines français (LOF) ou au livre d'attente ;

– soumettre au contrôle de la Société centrale canine (SCC) la totalité des chiens de son élevage ;

– respecter les directives d'élevage des associations des races que l'éleveur produit ;

– faire inscrire au Livre généalogique la totalité des produits de son élevage dans le respect de la réglementation, c'est-à-dire géniteurs confirmés, déclaration de saillie dans les quatre semaines qui suivent, déclaration de naissances dans les deux semaines qui suivent, tatouage de la portée à l'élevage avant sa dispersion. Ce droit au tatouage est un droit particulièrement important dans la mesure où il est la plus grande preuve de confiance que peut apporter la SCC à l'éleveur.

L'éleveur sait que, s'il ne respecte pas ces engagements ou s'il fait de fausses déclarations, son affixe pourra lui être retiré en étant rayé du répertoire et son utilisation interdite.

Ces dispositions draconiennes destinées à rendre l'élevage canin le plus transparent possible génère, comme tout règlement, des perversions. L'éleveur ne pouvant vendre que des chiens inscrits au LOF risque d'être dans une situation délicate face à un chiot dont il sait, dès la naissance, qu'il ne sera pas confirmable (trop blanc ou trop noir, par exemple). On revient alors à la fameuse différence entre le « pet dog » et le « show dog », qui trouve tant d'adeptes actuellement auprès de cynophiles qui se réclament de la tradition britannique (cf. page 96) ! Mais au fait, quel est l'intérêt d'inscrire au LOF un chien qui ne pourra jamais reproduire ? Peut-être uniquement de gonfler artificiellement les statistiques de naissances de certaines races !

Comment obtenir un affixe

Si vous désirez obtenir un affixe, vous devez être membre d'un club de race au moment de la demande et constituer le dossier suivant que vous enverrez à la SCC. Ce dossier comprendra :

– le formulaire de demande, rempli entièrement, signé par le ou les demandeurs et comportant l'aval du président de l'association de race ;

– un spécimen de la ou des signatures sur carton. Toutes les déclarations de naissances ou de saillies ultérieures adressées à la Société centrale canine devront être conformes à l'un des spécimens de signature ;

– une fiche individuelle d'état civil par demandeur ;

– un chèque du montant du tarif en vigueur.

Élevage des Geguis. Prop. : Mme de Bellescize © APL

Élevage des Geguis. Prop. : Mme de Bellescize © APL

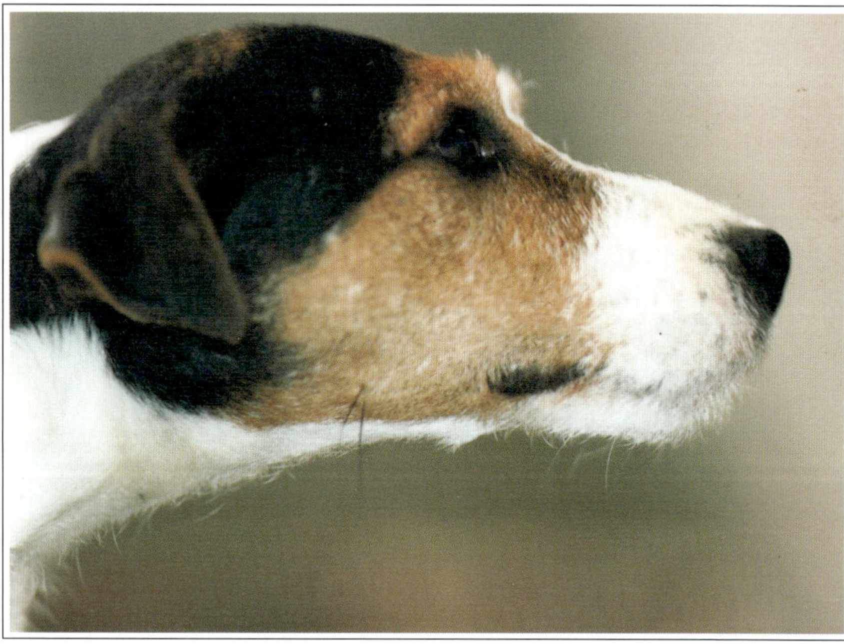

Élevage des Geguis. Prop. : Mme de Bellescize © APL

La Société centrale canine attribuera l'affixe après vérification des conditions requises, et des garanties fournies par l'éleveur, ensuite il y aura vérification sur le répertoire national pour être sur que l'affixe n'est pas déjà utilisé en France, puis au final ce sera la Fédération cynologique internationale qui prendra la décision d'attribution.

Dès l'attribution de son affixe au niveau international, l'éleveur en est avisé et une carte dénommant son élevage lui est adressée.

La constitution de ce dossier de demande entraîne quelques remarques de notre part. Il faut absolument que l'éleveur qui demande un affixe soit inscrit dans un club de race pour obtenir l'aval du président du club en question. Or, n'importe qui peut faire reproduire n'importe quel chien de race et faire confirmer la progéniture sans la moindre contrainte. On connaît même certains excellents éleveurs amateurs qui ne possèdent pas d'affixe, ce qui ne les empêche pas de « sortir » d'excellents chiens. Cette caution du club de race est d'autant plus étonnante qu'elle n'est plus nécessaire en cas d'extension à d'autres races. Le pouvoir des clubs est finalement beaucoup plus important sur l'attribution de l'affixe que l'on ne pense ; sans parler de certains présidents qui réalisent de véritables abus de pouvoirs en mettant sous leur coude pendant plusieurs mois la demande d'affixe (le club de race est en droit de demander avant de viser le formulaire que lui soit communiquée la photocopie des pedigrees des géniteurs). Un club de race qui refuserait de viser le formulaire devrait impérativement motiver son refus auprès de la commission LOF de la Société centrale canine. Pour être très clair, il est rare qu'un affixe soit refusé ; il est vrai que la recette financière générée à la SCC par l'attribution des affixes est loin d'être négligeable.

Céder ou transmettre son affixe

La vie est ainsi faite qu'un possesseur d'affixe peut être amené de se défaire de celui-ci pour des raisons quelconques.
L'affixe peut être cédé ou transmis si la Société centrale canine en autorise la cession (à un tiers) ou la transmission (à un descendant). Toute demande de cession, de transfert ou d'association (modification du nombre des associés par exemple) doit faire l'objet d'une demande écrite adressée à la SCC par le ou les titulaires de l'affixe, le club de race devant donner son aval. Cette cession permet de faire vivre de très anciens affixes bien au-delà de la vie de leur créateurs. Voici trois exemples intéressants d'affixes qui vivent toujours, ou viennent de renaître.

• L'élevage de Cabrenysset est le plus ancien élevage de Colley en France. L'affixe fut déposé en 1936 par M. Moli, l'un des précurseurs français de la race. Il fut transmis, il y a quelques années, à M. et Mme Agoutin, des amis de longue date, qui perpétuent cet affixe glorieux (une trentaine de champions).

• L'élevage de la Tour-Saint-Génin est le plus ancien affixe en activité dans le Berger de Brie. Il fut déposé en 1941 par la mère de Mme Annie Tabutaud, sa propriétaire actuelle. Il y a des « trous » dans l'histoire de cet affixe du fait de la guerre, mais après des recherches, Mme Tabutaud devrait être capable d'établir le palmarès (impressionnant) de cet élevage.

• Encore plus vieux est l'affixe « Montgarny » utilisé en préfixe. Cet affixe fut déposé en 1922 par Jules Dormeuil, célèbre éleveur de Fox Terriers entre les deux guerres. Il vient d'être repris, après de longues démarches, par le neveu de Jules Dormeuil, Geoffroy Vivaux, éleveur passionné de Jack Russell Terriers. Après une longue période de sommeil l'affixe « Montgarny » renaît enfin.

Jack Russell Terriers de l'élevage des Geguis. Prop. : Mme de Bellescize © APL

Le désistement

Dans certains cas l'affixe peut appartenir à deux époux ou deux concubins, en cas de séparation ou de divorce, l'un des deux peut reprendre l'affixe à son compte. Cela ne pourra se faire que si l'un se désiste (signature certifiée conforme) au profit de l'autre auprès de la SCC. Dans ce cas le numéro d'affixe ne change pas, seul le numéro d'éleveur change.

Choisir un nom

Lorsque vous décidez de prendre un affixe, il va falloir lui choisir un nom. Du fait de la multiplication des affixes, le choix devient de plus en plus compliqué. Les seules contraintes sont :
– ne pas utiliser un affixe existant déjà ;
– ne pas utiliser un nom de pays, de ville ou de famille.
En revanche, les noms de lieux-dits, de parcelles cadastrales, les diminutifs, etc. sont autorisés.

Rétroactivité de l'affixe

Comme dans beaucoup de cas dans le droit français, il n'existe pas d'effet rétroactif en matière d'affixe qui ne peut être reporté sur les chiens de l'élevage dont l'inscription au LOF est antérieure à la concession de l'affixe.

La mise bas approche

Le moment est venu où vous avez amené votre femelle Jack Russell Terrier chez le mâle. Comme votre chienne était en chaleur, tout s'est bien passé ; elle s'est laissé faire (ne vous trompez pas dans les dates, lorsque la chienne n'est pas prête, elle peut être violente, alors que le mâle, lui, est « amoureux », donc inoffensif).

L'accouplement aura duré une trentaine de minutes en moyenne et, pour plus de sûreté, il y aura eu, le lendemain, une contre-saillie. La durée de la gestation, qui est en moyenne de 60 à 63 jours, peut varier en fait de 57 à 72 jours. Quoi qu'il arrive, au bout de 30 jours, vous verrez votre chienne s'arrondir et réclamer plus souvent des promenades.

Veillez malgré tout à ce qu'elle ne

Une chienne Jack Russell Terrier est un « joyau » à qui on ne fera faire que quelques portées © Français/Cogis

La femelle va allaiter ses chiots pendant environ 40 à 50 jours © Français/Cogis

se fatigue pas inutilement. Pendant le deuxième mois, la chienne aura besoin de plus d'alimentation que précédemment. Consultez votre vétérinaire pour ne pas faire d'erreur.

L'approche de son accouchement rend la femelle anxieuse, elle cherche à faire « son nid » en détruisant éventuellement tout tissu qui se trouve à sa portée. La température rectale baissant dans les heures qui précèdent la mise bas, il est très important de surveiller la chienne suffisamment à l'avance.

Surtout lorsqu'il s'agit d'une première portée, il est indispensable que la femelle se sente rassurée, ce qui lui permettra de mettre bas en toute quiétude. Pour cela, préparez à l'avance une caisse en bois de deux à trois mètres carrés avec des rebords de 30 cm. Le fond sera réalisé en caillebotis recouverts d'une moquette lavable pour éviter à la femelle d'écraser sa progéniture. Il faut que la pièce soit suffisamment chauffée, mais sans plus.

La mise bas pourra durer jusqu'à 12 heures suivant le nombre de chiots. Cependant, l'intervalle de l'expulsion entre chaque chiot ne doit pas dépasser deux heures. La chienne met bas allongée sur le

côté, les chiots se présentant généralement par la tête, les membres antérieurs tendus en avant (60 % des cas). Dans 40 % des cas, les chiots se présentent les pattes postérieures tendues les premières. Dans les deux cas, ils peuvent prendre des positions intermédiaires (flexion de la tête vers le bas, repli d'un membre, repli d'un membre avec déviation latérale de la tête, présentation par les fesses) qui risqueront de gêner la respiration des jeunes chiots. Si le chiot a du mal à être expulsé, il faut éviter d'effectuer la moindre traction si l'on n'est pas un spécialiste ; mais, dans tous les cas, on doit se rappeler que l'orientation du vagin est oblique, de haut en bas et d'avant en arrière. Il est donc préférable d'accompagner avec délicatesse les contractions que la chienne effectue à intervalles réguliers.
Chaque petit est enveloppé d'une membrane transparente, le placenta, que la chienne va déchirer et absorber aussitôt après la naissance. Elle lèche et nettoie ensuite son chiot pour stimuler sa respiration et le pousse vers la mamelle la plus proche. Lorsque le chiot est expulsé normalement, le cordon ombilical se rompt. Si ce n'est pas le cas, la chienne le sectionne elle-même et elle débarrasse ensuite le chiot de ses enveloppes. Si elle ne le fait pas, vous devrez la remplacer en commençant par enlever les enveloppes autour du chiot, qui gênent sa respiration, ensuite vous couperez le cordon après l'avoir ligaturé au-dessus de l'endroit où il sera coupé. Pour une première mise bas (chienne ou maître) il vaut mieux se faire assister soit d'un vétérinaire soit de mains amies qui ont l'habitude.
Dans le cas où la chienne connaîtrait de graves difficultés, il est possible de recourir à une césarienne que le vétérinaire pratiquera sous anesthésie générale.
Vingt-quatre heures après la mise bas, vous ferez examiner votre chienne par le vétérinaire ; cette visite médicale de contrôle est indispensable si vous constatez une augmentation brutale de sa température ou tout autre symptôme de malaise général.
Après la mise bas, la femelle reste un long moment sur sa couche, et il est bien difficile de l'en déloger. Il ne faut pas trop l'approcher dans ces moments-là. En effet, elle devient particulièrement agressive vis-à-vis des étrangers humains ou chiens. Elle défend d'instinct sa progéniture qui devient sa meute ; même le père des chiots doit être tenu éloigné.
Une chienne Jack Russell Terrier est un « joyau » à qui on ne fera faire que quelques portées. De ce fait, demandez à votre vétérinaire d'être particulièrement attentif avec elle car elle aura certainement besoin de calcium pour allaiter et se remettre sur pieds.

Chiots Jack Russell Terriers © Français/Cogis

Sevrer le chiot

La femelle va allaiter ses chiots pendant environ 40 à 50 jours. Mais dès le 25e jour, on pourra aider la chienne par un apport de lait en poudre qu'on donnera au chiot, puis par des bouillies à base de lait qui faciliteront le sevrage du chiot et éviteront une cassure brutale entre les deux alimentations (voir chapitre sur l'alimentation). Une fois le sevrage réalisé, reportez-vous au chapitre concernant l'alimentation du chiot.

Le choix du chiot

Pourquoi vouloir acheter un Jack Russell Terrier ? On pourrait se poser cette question pour l'ensemble des races en insistant bien sur le fait que chaque race possède une tendance quant au caractère des différents individus qui la compose. Si le Jack Russell Terrier est devenu, en Angleterre, le Terrier le plus populaire, ce n'est certainement pas sans raison. Son côté dynamique, son air blagueur, son petit format et ses aptitudes à la chasse en font un chien complet et surtout pas un animal de salon. Une preuve, s'il en est besoin, est que le Jack Russell Terrier ne se toilette pas, un cas très rare dans le monde des Terriers. Mais ceci entraîne cela, ce chien est tout sauf un chien en peluche, c'est un animal qui sait se dépenser et aime courir dans la campagne. Certes son petit format peut en faire un chien de ville mais dans ce cas, pensez à lui donner suffisamment d'exercice.

Où l'acheter

Il est indispensable d'acheter son Jack Russell Terrier chez un éleveur propriétaire d'un affixe (liste sur demande auprès du club du Jack Russell Terrier). Ce dernier mettra à votre disposition un animal conforme au standard tant sur le plan physique que sur le plan psychologique. Certes le Jack Russell Terrier n'est pas un chien qui aurait des tendances caractérielles, pourtant du fait même de la jeu-

Si le Jack Russell Terrier est devenu, en Angleterre, le Terrier le plus populaire, ce n'est pas sans raison © Hermeline/Cogis

nesse de la race, certains aigrefins peuvent être tentés de vendre des chiens qui auraient l'aspect du Jack Russell Terrier sans être des Jack Russell Terriers. L'éleveur a passé un contrat avec la SCC, ce qui l'oblige à ne vendre que des chiens de race et de qualité ; de plus la loi de 1988 protège maintenant l'acheteur qui peut se faire rembourser l'animal au cas où celui-ci ne serait pas conforme à la race recherchée. Enfin, on voit arriver depuis très peu des « variantes » de Jack Russell Terriers qui prennent les noms farfelus de « Parson Terrier », ou « Jack Terrier », ou que sais-je encore. Il n'existe qu'une seule race, celle reconnue par la FCI et la SCC, les autres ne sont que le fruit de l'imagination trop fertile de certains éleveurs dont les animaux ne sont pas conformes au standard.

Choisissez votre chien quand il aura deux semaines environ © Français/Cogis

Petit format, mais pas chien en peluche !
© Français/Cogis

Comment acheter son Jack Russell Terrier ?

Tout d'abord, décidez-vous sur le sexe. La femelle est en général plus douce que le mâle mais le fait qu'elle soit fécondable deux fois pas an entraîne une surveillance assidue pour éviter les risques de « mésalliance ». Une fois votre choix arrêté, faites le tour des portées disponibles en vous servant entre autres de l'internet par exemple, puis laissez parler votre cœur en tenant compte malgré tout du passé des géniteurs ou des réussites en exposition de l'affixe. Un fils de champion le deviendra-t-il à son tour ? C'est bien difficile de le dire mais les gênes existent. Pour les chasseurs, vous avez tout intérêt à choisir votre chiot dans une lignée de chasseurs, car nous voyons arri-

Qu'il est parfois difficile de choisir ! © Français/Cogis

ver maintenant des lignées de chiens de compagnie.
Choisissez votre chien quand il aura deux semaines environ. À cette période, le choix reste aléatoire, mais sans aller jusqu'à la méthode scientifique dite de Campbell (qui soit dit en passant doit être adaptée à chaque race), on peut dire, dans les grandes lignes, que le plus petit chien de la portée sera un « dominé », donc au caractère plus souple, alors que le plus gros sera un « dominant », donc éventuellement au caractère plus difficile. Une fois le choix définitif fait, retenez-le auprès de l'éleveur en lui versant des arrhes (il délivrera un reçu), donnez un nom à votre chien en fonction de la lettre de l'année. Cette dernière attention permettra à l'éleveur d'habituer votre chien très jeune à son nom et, si ce n'est pas trop loin, venez le voir de temps en temps pour qu'il commence à s'habituer à vous et à votre famille.
Vous irez chercher votre chiot Jack Russell Terrier lorsqu'il aura six à sept semaines, en début de sevrage. Il faudra bien vous assurer que votre chiot a été sevré depuis plusieurs jours, car bien souvent le passage trop rapide de l'alimentation liquide à l'alimentation solide provoque des vomissements impressionnants.
En échange de votre règlement, l'éleveur vous remettra une attestation de vente, une carte de tatouage ou d'immatriculation, un certificat de naissance (inscription provisoire au Livre des origines français, l'inscription définitive ne sera délivrée que 2 mois plus tard) et le carnet de vaccinations du chiot qui devra comporter le tampon du vétérinaire et la ou les vignettes des vaccins.

Il est recommandé d'acheter son Jack Russell Terrier chez un éleveur
© Français/Cogis

Un chien peut être acheté plus vieux, vers 6 mois ou au-delà. Cependant, sachez que plus le chien arrive tard dans le foyer, plus la socialisation sera longue et difficile, surtout chez les chiens qui ne seraient pas élevés en famille.

Quand l'éleveur doit-il rembourser un chiot ou un chien ?

En achetant votre chien chez un éleveur canin vous avez fait la chose la plus juste. En effet, alors que le législateur laisse à peu près tout passer aux « marchands de chiens » et autres boutiques situées en bordure de fleuve, il est beaucoup plus sévère avec un éleveur qui est « condamné » à la perfection. Est-ce à dire que tous les chiots qui sortiront d'un élevage sont des champions en puissance ? Certes non, pourtant, s'ils sont issus d'une lignée correcte, ils doivent être confirmables à 99 %, le 1 % restant étant à mettre sur le dos des imprévisions de la génétique.

Le meilleur choix est d'acheter son chien chez un éleveur canin © Français/Cogis

Tout est dans le Code rural !

L'éleveur canin, au même titre que l'éleveur de poules ou de cochons, est considéré par l'administration fiscale comme un « bénéfice agricole » (BA). Dans ce cas, ses transactions sont régies par le Code rural. L'article 285-1 du Code rural, afférent à la loi 89-412 du 22 juin 1989 dite « loi Nallet », régit la vente de chiens par les éleveurs, et, entre autres, concerne les six vices rédhibitoires pour l'espèce canine. Ces six vices sont :
- la maladie de Carré ;
- l'hépatite virale (maladie de Rubarth) ;
- la parvovirose canine ;
- la dysplasie coxo-fémorale ; en ce qui concerne cette maladie, pour les animaux vendus avant l'âge d'un an, les résultats de tous les examens radiologiques pratiqués jusqu'à cet âge sont pris en compte en cas d'action résultant des vices rédhibitoires ;
- l'ectopie testiculaire pour les sujets de plus de 6 mois ;
- l'atrophie rétinienne.

Le décret d'application de cette loi en date du 28 juin 1989 suivi de l'arrêté du 2 août 1992 assurent une protection de l'acquéreur vis-à-vis du vendeur et ce dans un délai de trente jours.
En cas de désaccord, le délai de présomption légale va courir à partir de la date de livraison de l'animal. Ce désaccord devra, dans un premier temps, être constaté obligatoirement par un expert vétérinaire qui déterminera alors la présence, ou non, d'un des six vices rédhibitoires. Intervient alors la phase dite de « procédure ». À la suite des conclusions déposées par le vétérinaire expert, le juge saisi par l'acheteur homologue ses conclusions, les communique aux deux parties et essaie de trouver un terrain d'entente entre l'acheteur et le vendeur.
Nous vous conseillons dans ce cas d'éviter le judiciaire et de proposer à l'acheteur un remboursement, voire le remplacement de l'animal. On sait où commence le judiciaire, on ne sait malheureusement jamais où il s'arrête !

L'action en garantie pour vices cachés

Cette loi, comme beaucoup d'autres, n'est pas parfaite dans la mesure où elle limite à trente jours le délai de présomption légale.
Or, dans le cas de certaines maladies comme la dysplasie, il est impossible sur un chiot de 3 mois de déceler une telle anomalie. Dans ce cas, ce sont les articles 1641, 1642, 1643 et 1644 du Code civil (« De la garantie des défauts de la chose vendue ») qui s'appliquent. L'article 1641 est très clair dans sa notion de « vice caché »,

l'article 1642, quant à lui, met en avant la notion de « vice apparent » qui implique l'acceptation tacite de l'acheteur, l'article 1643 stipule bien que le vendeur est responsable des vices cachés même s'ils lui sont inconnus au moment de la vente (notion de bonne foi), enfin l'article 1644 insiste sur la notion de remboursement de « la chose vendue ».

Il faut que les éleveurs soient très prudents lors de leurs ventes surtout sur un animal sur lequel ils ont des doutes. En effet la jurisprudence prouve que les tribunaux sont toujours très sévères avec les « professionnels » alors qu'ils se montreront beaucoup plus accommodants avec les particuliers. La notion de « vente en l'état » ou « sans garantie » est rarement acceptée par les tribunaux qui considèrent, dans ce cas, que le professionnel a voulu duper le particulier moins au fait que lui. En un mot, si vous vendez un chien atteint d'ectopie testiculaire et que vous précisez dans l'acte de vente que ce chien est « impropre à la reproduction » il y a toute chance que vous soyez condamné à rembourser le chien si, par hasard, votre acheteur veut en faire un reproducteur.

Pet dog ou *show dog* ?

Nous vivons dans un pays où la confirmation des chiens dits « de race » est obligatoire depuis le décret 74-195 du 26 février 1974, si l'on veut en faire des géniteurs. À ce sujet, le Président Camille Michel écrivait dans le n° 78 de la ROCF (Revue officielle de la Cynophilie française) du 2e trimestre 1992 : « (...) la confirmation reste plus que jamais un élément essentiel à notre élevage canin et à la sélection des races basées sur la fidélité au standard... ». Contrairement aux Anglais ou aux Américains, il est impossible d'introduire un chien dans une lignée sans qu'il ait passé « l'examen ». Or, la génétique n'a rien de mathématique même si les statistiques prouvent que de bons géniteurs font rarement de mauvaise descendance. Pourtant, rien n'est jamais sûr ; un éleveur n'est pas à l'abri d'un chien un peu trop grand, un peu trop petit, un peu trop blanc ou un peu trop noir. Actuellement, il semble se dégager une tendance chez certains éleveurs, à savoir de vendre des chiots peu chers dits de « compagnie » (*pet dog*), et des chiots plus chers dits de « beauté » ou de « concours » (*show dog*), voire des chiens dits « d'élevage ». Cette mode nous vient de Grande-Bretagne, où, soit dit en passant, la confirmation n'existe pas, ce qui, aux yeux de certains, est suffisant pour être pratiqué en France. Outre le fait que cette pratique tend à créer des races à « deux vitesses », elle est très dangereuse

Alors, pet dog *ou* show dog *?© Français/Cogis*

pour les éleveurs. En effet qui dit « chien d'exposition » dit confirmation garantie, or, même si l'éleveur a un confirmateur « dans sa poche », il y aura, obligatoirement, remboursement de l'animal en cas de non-confirmation, voire versements de dommages et intérêts. En revanche, la vente d'un chien dit de « compagnie » ne met pas à l'abri l'éleveur en cas de non-confirmation. En effet, si l'on reprend à la lettre l'article 1641 du Code civil, la non-confirmation

LE CODE CIVIL, RIEN QUE LE CODE CIVIL

De la garantie des défauts de la chose vendue

Art. 1641 : Le vendeur est tenu de la garantie à raison des défauts cachés de la chose vendue qui la rende impropre à l'usage auquel on la destine, ou qui diminuent tellement cet usage, que l'acheteur ne l'aurait pas acquise, ou n'en aurait donné qu'un moindre prix, s'il les avait connus.

Art. 1642 : Le vendeur n'est pas tenu des vices apparents et dont l'acheteur a pu se convaincre lui même.

Art. 1643 : Il est tenu des vices cachés, quand même il ne les aurait pas connus, à moins que, dans ce cas, il n'ait stipulé qu'il ne sera obligé à aucune garantie.

Art. 1644 : Dans le cas des articles 1641 et 1643, l'acheteur a le choix de rendre la chose et de se faire restituer le prix, ou de garder la chose et de se faire rendre une partie du prix, telle que sera arbitrée par experts.

peut être considérée comme un « vice caché » dans la mesure où l'objet (le chien de race) sera rendu impropre à l'usage auquel on le destine.

On ne peut garantir n'importe quoi

Dans le n° 70 de la ROCF, la SCC prend pourtant position sur la notion de « garantie ». Dans ce texte, la Société centrale canine précise que les seules garanties imposées sont celles de la loi « Nallet » (qui a remplacé la loi du 22 septembre 1971 en vigueur à l'époque du texte), et celles prévues par l'article 1641 du Code civil (vices cachés). En revanche, la ROCF précise : « Aussi, lorsque le terme “garanti” est employé sans autre précision, il faut considérer que la garantie apportée par le vendeur va au-delà des garanties légales et recouvre toutes les maladies, malformations, défauts de caractère, etc., car l'acheteur est fondé à croire qu'il s'agit d'une garantie globale et d'ordre contractuel. »

L'arrivée à la maison

Vous êtes allé chercher votre chiot chez l'éleveur en voiture ou en train. Malgré l'annonce de certains éleveurs qui proposent

« l'expédition » des chiots, il nous semble plus convenable de se déplacer pour aller chercher ce nouvel ami. Quand vous irez le chercher, ne soyez pas plus de deux. L'habituer à la voiture très jeune est une bonne chose, d'autant plus qu'en principe il adorera cela. Si le trajet est un peu long, arrêtez-vous plusieurs fois pour lui donner à boire et lui permettre de faire ses besoins. Arrivé à la maison, il va falloir être très calme, surtout si vous avez une nombreuse famille.

Demandez aux enfants de ne pas trop le toucher au début. Montrez-lui sa gamelle pour boire, son panier et ses jouets (indispensables) et l'endroit qui lui est réservé pour faire « pipi ». Il sera vite propre mais il risque de s'écouler quelques semaines difficiles. Apprenez-lui donc à faire ses besoins

Arrivé à la maison, faites connaître à votre chiot son nouvel environnement
© Français/Cogis

sur un journal, il comprendra très vite et s'appliquera à ne pas dépasser la zone à utiliser. Félicitez-le à chaque fois de la voix et de la main, sa petite queue frétillera, ce qui voudra dire qu'il est heureux et qu'il a compris. Très vite, il vous demandera de sortir car le Jack Russell Terrier, comme tous les Terriers, aime la nature et le grand air. Le « pipi » est une question d'éducation qui vient très vite avec un minimum de patience. Prévoyez cependant un stock de journaux !
Le mordillement est également une question de patience. Pour les premiers jours, il vaut mieux prévoir des jouets ronds en caoutchouc, impossibles à avaler et qui permettent au jeune chiot de faire ses dents. Si vous avez des meubles fragiles, protégez-les malgré tout, mais, encore mieux, apprenez à votre chiot que c'est interdit.
Autre apprentissage dès l'arrivée : celui de la solitude. C'est une situation qu'il n'a encore jamais connue. En effet, il a toujours été en compagnie de sa mère ou de ses frères et sœurs. Or, le Jack Russell Terrier est un chien qui reste parfaitement seul et sage chez lui durant plusieurs heures. N'hésitez donc pas, dès le premier jour, à le laisser seul une heure environ dans un emplacement bien déterminé, où il ne risque rien et vous verrez la fête qu'il fera à votre retour. Enfin la dernière phase importante est la première nuit. Il avait l'habitude de dormir enroulé avec sa famille canine. Cette chaleur va lui manquer. Prévoyez donc une couverture dans son panier pour qu'il puisse s'y blottir.

L'intégrer dans un lieu nouveau

Le petit Jack Russell Terrier va passer de chez l'éleveur à la maison ou l'appartement de son maître et de sa maîtresse, c'est-à-dire passer de l'état d'« animal » à celui de « compagnie ». S'il a été élevé dans une famille, l'apprentissage sera déjà plus facile puisqu'il connaît les bruits familiers (télévision, enfants, voitures, etc.) et est déjà habitué à un environnement humain (cuisine, salle à manger, salon, chambre, etc.). En revanche, s'il a été élevé d'une façon moins traditionnelle, en chenil, tout, pour lui, est nouveau. Il quitte une autorité, celle de la mère, pour en découvrir un autre, celle du maître. Celui-ci doit donc, d'entrée, faire comprendre au jeune Jack Russell Terrier qu'il est le « chef de meute », donc lui apprendre où et quand il doit faire ses besoins, où et quand il doit manger, quel est son territoire, les endroits qui lui sont interdits et ceux qui lui sont autorisés, ce qu'il faut faire et ce qu'il ne faut pas faire, où finit le jeu et où commence la brutalité, etc.
Le jeune Jack Russell Terrier,

Bien qu'ayant été longtemps considéré comme un « chien de ferme », le Jack Russell Terrier adore les canapés © Français/Cogis

Le caractère « terrier » du Jack Russell en fait un chien relativement facile à élever © Français/Cogis

comme tous les jeunes chiots, est à la fois curieux et peureux. Curieux parce qu'il s'éveille à la vie, peureux parce que tout est nouveau, tout surprend. Il attend de votre part que vous lui fassiez découvrir son nouveau domaine que très vite il respectera, aimera et protégera. Soyez malgré tout patient avec le jeune animal, surtout s'il est sorti de son parc chez l'éleveur. Des exercices aussi simples que passer une porte peuvent lui paraître une aventure, à vous de faire que cela se banalise. Mais attention, vous avez un nouveau compagnon doué d'une intelligence supérieure à la moyenne canine : alors si vous ne voulez pas qu'il réalise tel ou tel exercice (monter sur le lit par exemple) ne le lui montrez jamais, car une fois l'exercice assimilé il l'est pour toujours !

Vivre avec les hommes

Le caractère « terrier » du Jack Russell en fait un chien relativement facile à élever. Certes, d'entrée de jeu, il faudra manier la main de fer dans un gant de velours vis-à-vis des jeunes chiots mais contrairement à d'autres races, il n'essaiera pas d'imposer son caractère ou sa volonté vis-à-vis de ses maîtres et de son clan qui l'entoure. Avec les enfants, il se montre très doux et très joueur. Il faudra donc canaliser rapidement ses ardeurs dans la maison, sinon gare à la casse !

Les vacances de votre Jack Russell Terrier

Les vacances approchent, l'espèce humaine a besoin de repos et de soleil, mais le chien ? Qu'allons-nous faire de notre meilleur ami durant cette période estivale ? Plusieurs solutions s'offrent à vous. À vous de choisir.

PROFITEZ DES VACANCES POUR PARFAIRE LE DRESSAGE

C'est le temps des vacances, et pourtant, dans moins d'un mois, la chasse va ouvrir à nouveau. Il va donc falloir surveiller encore plus l'alimentation de votre chien, pour qu'il ne prenne pas de surpoids, et éventuellement profiter de votre temps libre pour faire des « devoirs de vacances », c'est-à-dire parfaire le dressage en vue de l'ouverture prochaine. Quoi qu'il en soit, les vacances doivent être un moment privilégié pour l'ensemble de la famille à deux ou à quatre pattes, aussi si votre chien vient avec vous il faut que ce soit pour son plus grand bonheur.

Partir avec lui

Parce que vous ne pouvez plus vous passer de lui, vous avez décidé que votre chien de chasse passera les vacances avec vous. Cela part d'un bon sentiment, mais n'oubliez pas que ce ne doit pas être une « galère » pour notre ami à quatre pattes, et que les vacances dans un lieu inconnu comporte des dangers évidents.

• Le voyage : les valises sont faites, tout le monde est sur le pont ! Nous pouvons partir seulement si le chien va bénéficier dans la voiture d'une place suffisante, et qu'il ne va pas être coincé entre deux valises et le ballon de plage. C'est à vous de posséder un véhicule suffisamment vaste pour le confort de l'ensemble de la famille, quitte à mettre une malle au train pour dégager du volume. Durant le voyage, attention au coup de chaleur, hommes et encore plus chiens ont besoin d'un arrêt environ toutes les deux heures. On profitera alors de cet arrêt pour permettre à l'animal de faire ses besoins, de se désaltérer, de se détendre les pattes. Ne jamais laisser sortir votre animal non tenu en laisse, un accident est très vite arrivé. Si vous laissez votre animal dans la voiture durant une pause restaurant, choisissez un emplacement à l'ombre (attention le soleil tourne !), et surtout laissez l'air pénétrer dans le véhicule en ouvrant très légèrement les fenêtres.

• Une fois arrivé, il va falloir faire découvrir à votre chien son nouvel « home ». Si vous descendez à l'hôtel (le pauvre !), vous devrez lui faire connaître la chambre ainsi que les bons usages pour rester (ne pas aboyer pour tout et pour rien). Si vous descendez dans une maison particulière, ici aussi reconnaissez les lieux avec l'animal, vérifiez, entre autres, que la clôture du jardin est bien étanche, et protégez éventuellement les endroits dangereux ou fragiles, surtout si vous n'êtes pas chez vous.

La vie en vacances

Avec votre chien, elle sera obligatoirement différente de celle du reste de l'année. Emmenez-le avec vous en promenade, mais gare aux dangers de l'été qui peuvent s'appeler insolation, piqûres d'insectes ou de serpents, écorchures des coussinets sur les graviers ou les rochers, plaies provoquées par le sable, etc. Mais le risque le plus dangereux viendra sans aucun doute des tiques. En tant que chasseur vous êtes habitué à vérifier après chaque sortie votre chien, aux articulations, sous les aisselles, derrière les oreilles. Vous savez que pour extraire la tique, il faut tout d'abord endormir le parasite à l'éther, puis l'extraire avec une pince à épiler en tournant dans le sens inverse des aiguilles d'une montre (dévisser). Une fois le parasite retiré, on cautérisera à la liqueur de Dakin. Si vous ne vous sentez pas capable de retirer vous-même les tiques, allez voir très vite le vétérinaire. Retirer les tiques c'est bien, éviter que votre chien n'en attrape, c'est mieux. Aussi vous éviterez les hautes herbes (ce n'est pas toujours facile avec un chien de chasse), et les prés qui accueillent régulièrement des moutons, animaux insensibles aux tiques.

À qui le confier ?

Autre solution, pour le repos complet de la famille, partir au soleil sans son chien. Pour reprendre l'expression d'un dresseur, « vous placeriez bien votre enfant en pension pour partir avec votre chien, mais la morale ne l'autorise pas ! »

À votre entourage

C'est la solution la plus simple, et la moins onéreuse, du moins certains le croient-ils. Dans ce cas, il faut que le chien connaisse bien ses maîtres « d'occasion ». S'il s'agit de « ses » grands-parents, en principe pas de problème, il connaît bien « Papy » et « Mamie », le seul risque au retour c'est qu'il ait pris de mauvaises habitudes ! On pourra le confier à des voisins ou amis, dans la mesure où vous avez parfaitement confiance en eux, qu'ils connaissent bien les animaux, qu'ils sont prudents et responsables. La solution de laisser votre animal chez vous avec un voisin qui vient deux fois par jour lui donner à boire, à manger et le promener, nous paraît cruelle. Dans ce cas, ne vous étonnez pas si votre chien vous boude au retour !

Laisser votre chien en pension

C'est de loin la meilleure solution (et la plus chère), dans le cas où vous ne pouvez pas assurer des vacances correctes à votre animal. Ne vous décidez pas au dernier moment : vous avez bien préparé vos vacances, préparez également celles de votre chien. C'est-à-dire qu'il va falloir choisir le « pensionneur » non pas sur catalogue, mais en vous rendant sur place, en visitant les lieux pour vérifier, entre autres, l'état sanitaire de l'établissement, en discutant avec les différents responsables des chenils. Une fois votre choix établi, vous conduirez votre animal à la pension. Ce jour-là, ne faites pas une tête d'enterrement, vous transmettriez votre stress à votre chien. Une fois le chien conduit dans son chenil avec la personne qui s'occupera de lui tous les jours, vous établirez avec le responsable des lieux

Qu'allons-nous faire de notre meilleur ami durant cette période estivale ?
© Gauzargues/Cogis

la fiche personnelle du chien, à savoir : nom, sexe, âge, ainsi que tous les détails de santé ou autres qui vous paraissent indispensables pour rendre le séjour du chien le plus agréable possible. Mais le plus important à mettre sur la fiche est bien entendu les habitudes alimentaires de l'animal. Un bon « pensionneur » doit être capable de proposer à ses clients une alimentation adaptée à chaque animal, dans la mesure du raisonnable bien entendu. Cependant, si votre animal n'a pas besoin d'un régime spécial, vous pouvez faire confiance à la « popote » locale.

Il est indispensable que votre animal retrouve son environnement quotidien, aussi prévoyez de mettre dans le chenil sa couverture habituelle, ses jouets, et pourquoi pas sa gamelle.

Mais soyons clairs, même dans le meilleur chenil, votre chien va s'ennuyer. Ce n'est pas faire de

l'anthropomorphisme que de l'affirmer. Il faudra donc que le « pensionneur » soit suffisamment attentif pour savoir comment va le moral de ses hôtes, savoir les sortir au bon moment, isoler certains et, en revanche, offrir de la compagnie à d'autres.
Le chien est un animal grégaire, ne l'oublions jamais, cela veut dire qu'il a besoin de compagnie, humaine ou animale, seuls des professionnels avertis sont capables de juger de leurs besoins.

• Combien ça coûte ?
Comme nous l'avons dit précédemment, cette solution est de loin la plus onéreuse. Nous pouvons donner une fourchette de prix qui va se situer entre 10,67 et 12,96 € (soit 70 et 85 F) par jour. À cela, on rajoutera 1,52 € (soit 10 F)par jour pour une promenade à la laisse. Certes, vous pouvez trouver beaucoup moins cher mais, dans ce cas, prudence ; et vous pouvez trouver beaucoup plus cher également... On nous a signalé une pension à 21,34 € (soit 140 F) par jour, mais était-ce justifié ?
Les « pensionneurs » sont des professionnels, mais aussi des commerçants, à vous de faire le bon choix.

• Pension et dressage
Mettre votre chien de chasse en pension durant les vacances peut être un bon moyen pour le faire dresser, ou améliorer son dressage. Dans ce cas, choisissez une pension dont le responsable est aussi un bon dresseur, définissez avec lui vos besoins, et mettez-vous d'accord avant sur le prix de la prestation. Si vous n'êtes pas vous-même un bon dresseur, ce peut être une bonne solution, malgré tout onéreuse.

Vive les vacances pour vous et votre chien, préparez-vous bien avant le départ. Il faut que tout le monde soit heureux durant cette période, ne l'oubliez jamais.

Le dressage à la chasse

On peut définir l'aspect psychologique du chien suivant trois niveaux :

1. Réactivité :
– demande d'affection ;
– excitabilité ;
– aboiements excessifs ;
– agressivité envers les enfants ;
– activité générale.

2. Agressivité :
– défense du territoire ;
– garde avec aboiements ;
– agressivité envers les chiens ;
– dominance sur le propriétaire.

3. Aptitude au dressage :
– dressage véritable ;
– facilité de rester à la maison.

Reprenons ces trois points et appliquons-les au Jack Russell Terrier.

La réactivité

• Demande d'affection : le Jack Russell Terrier est un chien très attaché à ses maîtres qui, bien qu'ayant été longtemps considéré comme un « chien de ferme », adore les canapés et la vie moderne.

• Excitabilité : l'excitabilité est mesurée lors du TAN (Test d'aptitudes naturelles). Le chien, d'un grand calme en temps normal, doit pouvoir se « mettre en colère » en phase de chasse.

• Aboiements excessifs : le Jack Russell Terrier sait donner de la voix, ce sera à vous de l'empêcher d'aboyer à n'importe quel moment et dans n'importe quel lieu.

• Agressivité envers les enfants : le Jack Russell Terrier est l'ami des enfants par excellence. Il se met à leur portée dans les jeux et supporte quelquefois bien plus que le supportable habituel. Attention, souvent les enfants seront fatigués avant le chien. Il faudra alors lui faire comprendre que le jeu est terminé !

• Activité générale : le Jack Russell Terrier est un chien très actif pour ne pas dire toujours en mou-

L'ami des enfants par excellence © Lanceau/Cogis

vement. Il ne conviendra donc pas à des personnes âgées ou à mobilité réduite.

L'agressivité

• Défense du territoire, garde avec aboiements : le Jack Russell Terrier n'est pas un chien de garde. Par contre il protège son clan et donne de la voix en cas de bruits suspects.

• Agressivité envers les chiens : sans laisse, le Jack Russell Terrier est parfaitement sociable envers ses congénères. En laisse, aucun chien, quelle que soit sa taille, ne lui fait peur.

• Dominance sur le propriétaire : le Jack Russell Terrier a un caractère de « terrier », c'est-à-dire qu'il sait ce qu'il veut mais il aime trop son maître pour essayer de le dominer.

L'aptitude au dressage

• Dressage véritable : certains amateurs de Terriers prétendent que les Terriers ne se dressent pas. Cette théorie est battue en brèche depuis que certains Fox Terriers ont été introduits dans des brigades de chiens antidrogue. Il s'agira donc d'un dressage « soft » qui servira à renforcer ses dons naturels au déterrage surtout si vous

PLAN DE DRESSAGE

Phases de dressage	***Âge***
Acceptation de la domination du maître et découverte de sa famille	
Découvrir la laisse et marcher avec celle-ci	2 à 4 mois
Découvrir son territoire et rester seul	2 à 4 mois
Revenir aux ordres	4 à 8 mois
Découvrir le terrier	4 à 8 mois
Marcher en laisse, accepter les amis et les autres animaux	4 à 8 mois
Chasser au terrier sur ordre	8 mois à 1 an
Refuser l'alimentation d'un étranger	8 mois à 1 an
Le Jack Russell Terrier est devenu un Terrier sociable capable de chasser mais aussi de vivre en famille	1 an et plus

êtes un garde-chasse ou un agriculteur et que vous attendez de votre Jack Russell Terrier un vrai « travail ».

• Facilité de rester à la maison : tous les chiens, quelle que soit leur race, peuvent rester à la maison du moment qu'ils y ont été habitués très jeunes. Il faut cependant veiller à ce qu'ils aient un environnement proportionnel à leur taille.

Le dressage à la chasse proprement dit

Pourquoi le dressage à la chasse ?

Il est très rare que votre chien soit dressé d'instinct. Il est donc indispensable que la main de l'homme intervienne pour façonner un instinct qui ne demande que cela. Vous avez la possibilité d'acheter un chien déjà

Gadget. Prop. : Mme de Bellescize © APL

dressé, dans ce cas ce chapitre ne vous intéresse pas. Par contre, si vous voulez vous-même dresser votre Jack Russell Terrier, nous allons vous donner quelques conseils de base. Le Jack Russell Terrier accepte volontiers de se plier aux volontés de l'homme, et puis quoi de plus désagréable que de posséder un chien mal élevé qui va mettre en danger le restant de ses congénères lors d'une partie de chasse.

Les bases du dressage

Dans la première période de son existence, tout animal (dont le chien) prend pour sa mère l'être qui le nourrit et vit près de lui. Il s'agit de ce que Konrad Lorenz appelle l'« imprinting ».
Lorenz avait démontré qu'en se baignant avec des jeunes canards orphelins, ceux-ci le prenaient pour leur mère.

Élevage des Geguis. Prop. : Mme de Bellescize © APL

Le chien est extrêmement sensible à l'imprinting, peut-être encore plus que d'autres espèces animales, ce qui peut expliquer l'immense affection qu'il va alors porter à son maître.
Le chien, du fait de ses origines, est un animal grégaire, c'est-à-dire qu'il a l'instinct de bande. Cet instinct suppose une obéissance absolue au chef de bande dont les décisions sont acceptées sans discussion. Ceci aura d'autant plus d'importance chez le Jack Russell Terrier lorsque vous serez à la chasse au sanglier. En effet, n'oubliez jamais que le « cochon » est un fauve ; si votre chien ne revient pas à vos appels, il risque d'y laisser sa vie.
Dans les meutes de chiens courants ou de chiens de traîneau, le chef naturel sera bien souvent une vieille femelle qui va transmettre aux jeunes les bases de leur éducation en utilisant sans le savoir l'imprinting. En fait le jeune chien va s'identifier à son aîné, et tenter de reproduire les mêmes gestes que celui-ci. On pourra d'ailleurs utiliser cette technique pour le dressage sous terre. En effet, comme vous ne pouvez pas pénétrer dans le terrier, la meilleure solution est de « confier » le jeune chien à un aîné.
Le maître va jouer auprès de son chien le rôle du chef de meute. C'est à lui d'être suffisamment convaincant pour que l'élève prenne le dressage comme un jeu, et veuille faire plaisir à son maître en réussissant les exercices. Sans plaisir, pas de dressage possible. D'ailleurs les dompteurs de grands fauves l'ont parfaitement compris, et obtiennent tout de leurs animaux par la douceur et non par la force.

Les mots de base

La base du dressage va reposer sur des mots de base qui pourraient se résumer à : « viens » ou « ici », « derrière », « va », « couché » ou « down », « rapporte ».

« Ici » ou « viens »
Nous préférons « viens » à « ici » pour notre part, mais dans les deux cas le chien doit accourir rapidement aux pieds de son maître.

« Derrière »
À cet ordre, le chien doit abandonner toute initiative personnelle pour suivre fidèlement son maître. Il va se mettre pratiquement aux talons de celui-ci, et ne repartir que si son maître lui en donne l'ordre. Cet ordre est indispensable lors des battues pour éviter que les chiens partent à tort et à travers.

« Va »
À cet ordre il doit partir sans hésiter dans la direction indiquée par son maître et reprendre son activité.

Le Jack Russell Terrier accepte volontiers de se plier aux volontés de l'homme
© Gauzargues/Cogis

« Couché » ou « down »

C'est l'ordre de base que le chien doit assimiler très vite, il en va de sa vie pendant une partie de chasse. À cet ordre, il doit s'arrêter immédiatement, s'aplatir sur le sol, le museau pointé dans la direction de la marche interrompue par l'ordre et rester immobile jusqu'au commandement suivant qui peut être « va » « ou rapporte ». Le « down » est plus courant chez les chiens d'arrêt ; pourtant, lorsque l'on chasse le lièvre en plaine, il est indispensable que votre Jack Russell Terrier l'exécute.

« Rapporte »
À cet ordre le chien doit récupérer le gibier abattu et le rapporter rapidement à son maître avec précaution sans l'abîmer ni le plumer. Il doit s'asseoir devant son maître et lui laisser prendre l'animal abattu sans opposer de résistance. Le Jack Russell Terrier n'est pas un « Retriever » ; pourtant, bien dressé, il sait bien rapporter, entre autres lors de chasses au canard.

Ces exercices de base vont s'apprendre progressivement, en joignant le geste à la parole.

CHASSER LE SANGLIER AVEC QUEL CHIEN ?

En matière de cynophilie, le chasseur est rarement objectif, dans la mesure où chacun va défendre sa race favorite lui trouvant toutes les qualités. Pourtant l'habitat moderne et les formes de vie actuelle ont obligé le chasseur à se limiter aussi bien en ce qui concerne la taille que le nombre de chiens. La chasse au sanglier reste pourtant une chasse bien spécifique du fait de la puissance de la « bête » d'où des risques évidents pour les chiens, surtout lorsqu'on atteint le stade final, c'est-à-dire le ferme.

LE FERME

La chasse au sanglier est certainement la seule où le chien est absolument indispensable. Contrairement aux autres gibiers de bois, la « bête noire » ne va pas pouvoir (ou alors dans de très rares cas) être chassée à l'affût. Dans ce cas il ne reste plus que la battue avec suffisamment de chiens, lancés sur des traces fraîches, pour forcer la bête. Depuis la disparition du loup de nos contrées, l'homme est le seul prédateur connu du sanglier. Et pourtant, seul avec son fusil, le chasseur est bien impuissant face au malin « ragot » qui vous en fera voir de toutes les couleurs. Il faut savoir « faire le pied », repérer les « laissées » (excréments), les « vermillis » (terrains retournés), ou les « souilles » (bains de boue). Ces indices étant repérés, la battue va pouvoir commencer, et les chiens seront lancés dans la bonne direction. Une fois l'animal relevé de sa « reposée », il va démarrer en trombe. Il faut alors des chiens de poursuite. Une fois rattrapé, il sera mis au ferme. Il faut dans ce cas des chiens suffisamment déterminés qui tiendront le ferme longtemps sans pour autant risquer de se faire éventrer ; or, les bons chiens de poursuite ne sont pas toujours les meilleurs chiens de ferme. Une fois l'animal tiré, s'il est blessé il faudra alors un chien de « rouge » capable de remon-

Sans laisse, le Jack Russell Terrier est parfaitement sociable envers ses congénères © Gauzargues/Cogis

ter la piste, et de déjouer les ruses du « cochon ». Mais un bon chien de rouge est rarement un bon poursuiteur, et rarement un très bon chien de « ferme ». En théorie il faudrait donc trois types de chiens pour chasser le sanglier. Hormis quelques « équipages », ou quelques « meutes spontanées » composées de chiens appartenant à plusieurs propriétaires et ayant l'habitude de chasser ensemble, on se rend vite compte qu'il va falloir utiliser un compromis quitte à posséder un chien moyen partout, un « décathlonien » de la chasse au sanglier.

N'oubliez jamais que le « cochon » est un vrai fauve © Lili/Cogis

Pour « couché », par exemple en période d'apprentissage, on aplatira l'animal sur le sol en le tenant par la main droite juste derrière la nuque, et, pendant l'exercice, on articulera lentement l'ordre : « couché ». Au fur et à mesure de l'apprentissage, on retirera la main droite du chien pour donner l'ordre en levant cette fois-ci la main gauche en l'air. Ceci va vous permettre de donner cet ordre alors que le chien est loin de vous et risque de ne pas entendre votre voix.
Certains chasseurs utilisent le sifflet pour ponctuer leurs ordres. Cela n'est valable que pour des chasses en solitaire, sinon gare aux interférences.
Autre ordre important pour votre chien : l'appel. Cet ordre va agir comme une laisse invisible. À l'ordre « ici » ou « viens », il est indispensable, sous peine d'attendre son chien quelquefois de longues heures, que le chien revienne immédiatement. C'est l'ordre le plus difficile à apprendre au jeune chien épris de liberté. Il faudra être intransigeant avec votre élève.

L'alimentation

Comme pour les humains, si vous voulez que votre chien soit en bonne santé, donnez-lui à manger équilibré. Il n'est pas si loin le temps où le chien devait se contenter de restes ou de pain trempé dans de l'eau. Heureusement cette pratique tend à disparaître.

Il ne faut pas faire de mimétisme, le chien ne se nourrit pas comme son maître, même si la publicité essaie de nous le faire croire. Il mâche très peu les aliments et sa déglutition est très rapide. Ses aliments, surtout s'ils sont solides, vont rester très longtemps dans l'estomac (3 à 12 heures), ce qui explique que le chien va pouvoir absorber des repas très copieux, à intervalles importants. Le fait qu'il soit, à l'origine, un carnivore pourrait nous faire penser qu'il consomme uniquement de la viande et ce, en gros morceaux. C'est faux, le contact prolongé avec l'homme l'a amené à consommer aussi bien des laitages que des fruits ou autres céréales. De plus, le chien a perdu, au cours de sa domestication, ses habitudes de prédateurs lui permettant de ne consommer que de petits morceaux de viande. Observez un chien sauvage, type Dingo ou autre chien de prairie, en train de dépecer une charogne : il dépouille le cadavre en fines lamelles alors que le chien domestique « gloutonne » la viande à s'en rendre malade, d'où le risque de retournement d'estomac, surtout chez les grands chiens. Seules certaines races du Grand Nord ou des chiens élevés en meute ont gardé cette manière de s'alimenter. C'est pour cela

Le contact prolongé avec l'homme a amené le chien à consommer aussi bien des laitages que des fruits ou autres céréales © Lanceau/Cogis

que, si l'on nourrit le chien de façon traditionnelle, il est recommandé de ne pas lui mettre dans son écuelle des morceaux trop gros. En fait, le chien a besoin d'une alimentation équilibrée à teneur nutritive élevée. Mais cette teneur nutritive variera avec l'âge du chien, la période de sa vie (période de reproduction ou de lactation) ou tout simplement du climat (diminuer la ration en cas de forte chaleur). Le chien devra absorber un mélange lui apportant chaque jour des protéines, des hydrates de carbone, des graisses, des vitamines et des sels minéraux.

L'alimentation type

Il existe deux types d'alimentation, celle que nous appellerons « traditionnelle » et celle que nous appellerons « industrielle ».

L'alimentation traditionnelle

Si vous êtes un adepte de l'alimentation traditionnelle, sachez que vous n'avez pas choisi la solution de facilité. En effet, outre le travail supplémentaire que cela entraîne chez vous, vous aurez par ailleurs à surveiller de très près la qualité et la quantité d'aliments offerts. Trois éléments de base à mélanger : viande ou poisson (sans arêtes bien sûr), riz ou flocons de céréales et légumes (haricots verts,

Des repas équilibrés : le secret pour avoir un chien en bonne santé © Gauzargues/Cogis

carottes, céleris, poireaux). Ces trois éléments doivent être à part égale. Pour un Jack Russell Terrier adulte (14 mois), il faut compter, par jour, 10 g par kilo de poids, en ce qui concerne la viande, et autant pour les légumes ou le riz. Cette pâtée pourra être prise en une ou en deux fois suivant l'appétit de votre compagnon. Ceci dit, comme pour les humains, la pâtée répartie en deux fois sera plus bénéfique à la santé de votre chien. Il est indispensable également pour son équilibre de respecter les horaires (si vous oubliez, lui n'oubliera pas !). Outre ces aliments de base, sont également autorisés en quantité raisonnable les fromages cuits, (gruyère), les yaourts, le jaune d'œuf cru, les fruits. Comme friandises, on admettra les petits biscuits salés et les gros os de bœuf ou veau. Par contre, sont rigoureusement interdits le pain, les gâteaux, le sucre, les pommes de terre, les abats, la charcuterie (la viande de porc en général), la viande de mouton, les petits os (lapin, poulet, mouton, porc).
Faites très attention avec les os en général, cela pourrait entraîner des dermatoses. Concernant la viande, elle sera fraîche (sinon la faire cuire) et de bœuf (viande à pot-au-feu) ou de poulet ou de dinde (désossée et cuite). Concernant le poisson, le thon au naturel en boîte fera l'affaire et est très pratique, par exemple pour les déplacements.

L'alimentation industrielle

Principes généraux

Il existe dans le commerce une gamme complète d'aliments préparés qu'il faut apprendre à connaître afin de bien les utiliser.
L'étiquetage légal de ces produits est très précis et il donne toutes les informations indispensables à un bon achat : date de fabrication, poids net, catégorie du produit, composition de l'aliment, liste des additifs utilisés.
Il existe deux catégories de produits.

• Les aliments complets qui suffisent à l'alimentation du chien sans qu'il soit nécessaire d'ajouter d'autres aliments.

• Les aliments complémentaires qui peuvent permettre de suppléer à quelques carences et qui ne doivent être utilisés que dans des cas très précis (pour des chiens de chasse lors de la saison ou pour les chiens de traîneaux lors de courses).

Présentation

Les aliments préparés se présentent sous trois formes.

• Les aliments humides composés de 70 à 80 % d'humidité sont conditionnés en boîtes métalliques. Complets ou complémentaires, ils associent des viandes ou des volailles à

La teneur nutritive de l'alimentation variera avec l'âge du chien, la période de sa vie ou le climat © Labat/Cogis

des céréales et des légumes et parfois à des compléments minéraux vitaminés. La durée de conservation de ces aliments est de 3 à 4 ans (voir au dos de la boîte) mais après ouverture cette durée tombe à 24 heures et en milieu réfrigéré.

• Les aliments semi-humides composés de 20 à 30 % d'humidité sont conditionnés en sachets individuels ou en emballage carton. Ils apportent autant d'éléments nutritifs que les produits humides, mais leur préparation entraîne de servir ce

Il existe dans le commerce une gamme complète d'aliments préparés © Français/Cogis

type d'aliments accompagnés d'un bol d'eau fraîche. La durée de conservation, dans un endroit sec et dans l'emballage d'origine, est d'environ un an. Une fois ouverte, la boîte doit être conservée au réfrigérateur.

• Les aliments secs composés de 14 % de taux d'humidité ont l'avantage d'être présentés en grands conditionnements de plusieurs kilos. Ils sont faciles d'emploi et économiques. Ce sont, en fait, des aliments déshydratés qui se présentent soit sous forme de croquettes que l'on servira avec un bol d'eau fraîche, soit sous forme de soupe à réhydrater avec de l'eau fraîche ou du bouillon. La durée de conservation de ces aliments est importante du fait du faible taux d'humidité.

Il est recommandé de choisir des produits de marque qui sont les seuls à pouvoir garantir leur qualité et leur composition. Certains produits ne sont distribués qu'en animaleries ou chez les vétérinaires. N'hésitez pas à faire quelques kilomètres de plus.

Nourrir son Jack Russell Terrier

Quelle que soit la forme d'alimentation que vous choisissiez, il faut être sévère quant à la quantité et les horaires. La quantité, parce que le Jack Russell Terrier est délicat et qu'il doit consommer sa ration chaque jour. Les horaires, car c'est le seul moyen de vraiment surveiller les quantités. Si, parfois, il semble laisser un peu de nourriture et qu'il vaque ensuite à ses occupations, il faut lui enlever sa gamelle car il aura suffisamment mangé. Surtout, ne lui laissez pas une gamelle pleine toute la journée, c'est un chien, il doit manger deux ou trois fois dans la journée, et non pas comme les chats qui mangent un petit peu de temps en temps. Cela déréglerait son système digestif et pourrait entraîner des dérangements dans le bon fonctionnement de son organisme. S'il a tendance à être chapardeur, c'est essentiellement par gourmandise. De ce fait, essayez de ne pas le nourrir entre les repas (gare aux gâteaux secs lors de l'apéritif), cela évitera de développer son éventuel côté « mendiant ».

Nourriture spécifique du Jack Russell Terrier

Comme tous les chiens de chasse, le Jack Russell Terrier a besoin d'une nourriture à la fois riche et appropriée, surtout en période de chasse. Ses besoins alimentaires sont importants, tant sur le plan énergétique que sur le plan protéique. Il faudra bien veiller à cet équilibre et éviter, surtout en

Lorsque vous allez acquérir votre chiot, il sera en principe sevré depuis plusieurs jours
© Français/Cogis

Il est important de distribuer en deux fois la nourriture de votre chien © Hermeline/Cogis

période de croissance, un régime trop riche en viande qui empêcherait la rétention du calcium (ostéofibrose). L'apport calcique, chez le chiot, doit être d'environ 1,1 % de la matière sèche alimentaire, tandis que l'apport en phosphore sera de 0,9 %. Il faut cependant donner ces apports supplémentaires en accord avec votre vétérinaire. En effet, il n'est pas rare de voir chez des chiots de grande race un excès d'apport de vitamine D et de calcium entraînant des déformations osseuses, voire même des boiteries. Les suppléments en vitamine D (D_2 et D_3) sont indispensables chez le chiot Jack Russell Terrier. Lorsque les Jack Russell Terriers seront devenus adultes, les propriétaires auront tout intérêt à adopter la nourriture industrielle (sèche, semi-humide ou humide), compte tenu de la quantité de nourriture nécessaire à la bonne santé de leur animal.

L'alimentation du chiot

Lorsque vous allez acquérir votre chiot il sera en principe sevré depuis plusieurs jours. Si vous allez le chercher chez l'éleveur juste à la limite du sevrage, demandez à celui-ci de commencer à l'habituer à sa future alimentation de jeune chien. En effet un sevrage brutal risque de perturber le transit intestinal (comme chez les bébés d'ailleurs) et entraîner une chute de poils quelquefois impressionnante. Pendant la période de croissance (jusqu'à 14 mois), il ne faudra pas « plaindre » la nourriture à votre jeune ami. Jusqu'à 5 mois, comptez 90 g de nourriture par jour et par kilo de poids divisés en trois (viande, riz, légumes verts) et pris en trois repas. À partir du 14e mois, diminuez les quantités pour tomber à 30 g de nourriture par kilo de poids par jour (répartis en trois) et pris en une ou deux fois (deux fois est la solution la plus équilibrée pour votre chien).

L'alimentation du chien âgé

En vieillissant, le chien aura tendance à manger moins. Ne le forcez pas, comme après une indigestion, le chien sait parfaitement s'il doit ou ne doit pas manger. Consultez votre vétérinaire pour lui demander conseil quant à l'alimentation spécifique par rapport à son âge. Certains animaux trop gourmands durant leur jeunesse paient très cher cet excès, une fois la vieillesse venue, avec urée, diabète et autres maladies bien connues.
Il existe alors des boîtes d'alimentation dites « diététiques », vendues uniquement chez votre vétérinaire. Faites-lui donc confiance. De plus, maintenant, toutes les grandes marques d'aliments industriels proposent une gamme « senior ». Pour les JRT, on peut leur donner ces produits à partir de 10 ans.

Santé et hygiène

Comme l'ensemble des chiens de chasse ou des terriers, le Jack Russell Terrier risque en permanence de se blesser (surtout lorsqu'il court derrière le « cochon ») et vous pouvez donc être amené à prodiguer les premiers soins.

Les coupures occasionnées par des sangliers

Lors de la chasse au « cochon », et surtout si l'on a à faire à des vieux mâles très « armés », il n'est pas rare que les chiens se fassent couper sous l'abdomen. Le Jack Russell, du fait de sa petite taille et de sa rapidité, est en principe moins blessé que les autres races, mais cela peut arriver. En cas de coupure importante, il faut le transporter le plus vite possible chez le vétérinaire, en ayant soin de ne pas trop le secouer. Par contre, en cas de coupure bénigne vous pourrez le recoudre vous-même à chaud.

Vous aurez auparavant fait l'acquisition de fil chirurgical (le plus gros), ainsi que d'une aiguille chirurgicale que vous désinfecterez préalablement à l'alcool. Je connais des chasseurs qui ont de vrais talents de couturière ; quant à leurs chiens recousus de partout, ils se portent très bien. Au lieu de recoudre, vous pouvez poser des agrafes ; dans ce cas, faites-vous conseiller par votre pharmacien ou votre vétérinaire.

LA POSE D'UNE ATTELLE LORS D'UNE FOULURE OU D'UNE FRACTURE

Il peut arriver, lors d'une partie de chasse acharnée, que votre chien se foule ou se brise un membre. Dans ce cas, il faut le transporter le plus vite possible chez le vétérinaire le plus proche. Mais avant, il est indispensable d'immobiliser le membre blessé. Dans ce cas, vous coucherez sur le côté opposé à la blessure votre chien sur une couverture ; ensuite, vous fixerez de chaque côté du membre blessé deux planchettes ou morceaux de bois suffisamment longs, mais pas trop lourds. Vous lierez le tout avec de la ficelle, une bande médicale, ou même éventuellement du ruban adhésif large. Il faut que le tout soit lié solidement, mais sans compression excessive pour bien laisser le sang circuler. Enfin, avec l'aide d'un ami, vous transporterez le chien en soulevant la couverture aux quatre coins, celle-ci servant alors de brancard.

On voit donc qu'il est indispensable lors d'une partie de chasse de posséder une trousse médicale bien garnie. Si vous voulez devenir un parfait infirmier canin il existe des formations accélérées comme celle dispensée par l'équipe du Professeur Grandjean de l'UMES (Unité de médecine de l'élevage et du sport), à l'ENV (École nationale vétérinaire) d'Alfort.

Il peut arriver, lors d'une partie de chasse ou de jeu, que votre chien se foule un membre © Français/Cogis

Les écorchures

Parmi les écorchures, nous citerons celles aux coussinets (sous les pattes) qui peuvent être provoquées par des cailloux pointus en forêt, par des chaumes de blé ou encore par un terrain glacé par temps très froid. En principe, la blessure est bénigne et se soigne très bien. Nettoyez, aseptisez, et si vous voulez continuer votre partie de chasse, à condition bien sûr que la blessure ne soit pas trop profonde, enfilez-lui une « bottine » qui isolera la blessure du sol.

Les morsures de vipère

En terme de saison, les risques de morsures ont lieu à l'ouverture de la chasse, et dans les semaines qui suivent, sur des terrains caillouteux ou humides. Les chiens sont le plus souvent mordus sur la partie antérieure de leur corps, ou sur le museau. La morsure de la vipère va s'identifier grâce à la présence de deux petits trous distants de 1 cm environ. En quelques minutes la morsure va provoquer une douleur intense qui sera suivie d'un vomissement. Le chien, au moment de la morsure, va émettre un cri de douleur et va chercher à frotter sa plaie ou à la lécher, ce qui peut être grave pour la suite. L'importance de l'intoxication dépend de plusieurs facteurs :

– l'âge et le poids du chien ;
– l'endroit et la profondeur de la morsure ;
– la quantité de venin injectée par la vipère ;
– la présence de bactéries dans la gueule de la vipère ;

Vipère aspic © Lanceau/Cogis

Vipère peliade © Lanceau/Cogis

– le mouvement et l'agitation du chien mordu, qui peuvent accélérer la diffusion du venin.

Les premiers secours

Même si une morsure de vipère est rarement mortelle pour les chiens, sauf peut-être lors de morsure sur la truffe, il n'y a pas de temps à perdre. Dès que votre chien a été mordu, appliquez un lien hémostatique (garrot) ou une ficelle en amont de la morsure afin d'arrêter le flux sanguin sans compromettre la circulation artérielle. Vous relierez ensuite les deux trous par une incision, en faisant attention à ne pas provoquer de lésions vasculaires ou tendineuses. Ensuite, on va aplatir la plaie avec les doigts pour pouvoir aspirer le venin. L'aspiration est de loin l'opération la plus délicate et la plus importante de la manipulation. La meilleure solution est d'aspirer le venin avec la bouche. Mais il y a cependant des risques pour les personnes qui auraient des plaies à la mâchoire par exemple. Il faudra ensuite recracher le venin, et se rincer la bouche. Il existe maintenant sur le marché des « pompes à venin » pour les humains. Malheureusement ces pompes sont difficilement utilisables sur les chiens à cause de leurs poils.

Une fois le venin aspiré, il y a tout lieu de transporter le plus vite possible le chien chez le vétérinaire pour une injection de sérum antivenimeux. Certains auteurs de livres préconisent aux chasseurs d'avoir sur eux du sérum antivipérin pour l'injecter directement au chien en cas de morsure. La terreur suscitée par les vipères a permis à ce produit d'être considéré comme une véritable assurance sur la vie pour les chiens comme pour les hommes. Malheureusement, la vérité est tout autre. En effet, pour conserver toutes ses propriétés, le sérum doit être conservé à une température inférieure à 4° C, et ne peut donc pas rester des heures dans la chaleur d'une voiture, ni séjourner dans le sac du chasseur. De plus, le sérum ne doit pas être injecté à n'importe quel chien. En réalité, certains sujets sont allergiques au sérum. Il s'agit donc d'un acte médical que seul le vétérinaire pourra mener à bien ; c'est à vous de vous rendre le plus rapidement chez lui après la morsure.

Les piqûres d'insectes

Si la vipère représente le risque majeur d'agression par piqûre ou morsure lors des dimanches de début d'automne, il existe bien d'autres agressions éventuelles qui peuvent être également dangereuses. Les principales sont les piqûres d'insectes. Il arrive fréquemment que les chiens de chasse

soient piqués par des guêpes, des abeilles ou des frelons. Si l'animal est piqué sur le dos le risque est limité, en revanche, si le chien est piqué à la lèvre ou à la langue, il y a un danger qui peut aller jusqu'à la mort.
La guêpe possède un dard lisse, et peut piquer plusieurs fois. Il y a risque de piqûre essentiellement au printemps. L'abeille de son côté ne peut piquer qu'une seule fois, puisqu'elle meurt après avoir perdu son aiguillon. Méfiez-vous des débuts d'un automne chaud, les abeilles peuvent encore être présentes avec tout le danger que cela représente. Le plus dangereux pour nos chiens de chasse sera le frelon qui est très dangereux en fin d'été et au début d'automne. Il nidifie dans les buissons et a tendance à attaquer « en traître ». En cas de piqûre, il faut retirer le dard, faire saigner le chien en pressant la peau avec deux doigts, puis on appliquera ensuite des compresses d'eau froide, ou encore mieux de glace pour éviter au poison qui est encore dans le sang de l'animal de se propager. Ici aussi, on ira très vite chez le vétérinaire. D'où l'utilité d'avoir toujours sur soi les coordonnées de son vétérinaire voire une liste des vétérinaires de la région où l'on se trouve.

MIEUX VAUT PRÉVENIR QUE GUÉRIR !

Nous sommes bien souvent totalement démunis lorsque nos chiens sont agressés et blessés par des serpents ou des insectes. Sans pouvoir affirmer que le dressage réduirait les risques à zéro, cela peut être une méthode pour éviter les risques. Les chiens ont tendance à vouloir « croquer » les guêpes, certains les piétinent avant de les gober, c'est à vous de les empêcher tout jeune de se livrer à ce jeu dangereux. Concernant les vipères, il est rare que le chien fasse rapidement connaissance avec de tels animaux. À vous d'être attentif lors des promenades ou des parties de chasse, et de s'avoir arrêter votre chien par un « stop » retentissant qui ne supporte pas le refus. Néanmoins, partez confiant avec votre meilleur compagnon, car il est très rare qu'un chien meure, victime d'une vipère.

Le coup de chaleur

Autant le Jack Russell Terrier vit parfaitement bien sous la pluie ou dans le froid, autant il craint la chaleur. Le risque pour lui est donc le fameux « coup de chaleur » qui peut être fatal. Dans ce cas, il faut forcer le chien à se mouiller, quitte à l'envelopper dans un linge humide. Mais il faut le faire progressivement. Même si le chien n'a pas de coup de chaleur il est recommandé en période de canicule de le rafraîchir régulièrement, même contre son gré. Enfin, concernant les longs voyages en voiture, il est recommandé pour les chiens, comme pour les humains d'ailleurs, de s'arrêter toutes les heures et demie (deux heures maximum) afin de le réhydrater. On aura prévu à cet effet une bouteille d'eau légèrement rafraîchie et la gamelle du chien prêtes à tout moment.

Les vers

Les vers sont les parasites internes qui infestent le tube digestif du chien. Ils peuvent être classés en deux types :
– les vers plats (le plus connu est le ténia) ;
– les vers ronds que l'on appelle également « nématodes ».

Parmi les vers plats, le plus courant chez le chien est le *dypilidium caninum*, dont les larves sont transportées par les puces. Le chien s'infecte alors en mangeant ses propres puces. Un chien infecté par le *dypilidium* subira des démangeaisons anales caractéristiques. De plus, on trouvera des segments de vers dans les selles (comme le ver solitaire chez l'homme). Dans ce cas, il faudra traiter l'animal avec un vermifuge actif, mais également éliminer la cause c'est-à-dire les puces. L'apparition des colliers insecticides et surtout un bon entretien de votre animal devraient éviter ce type de vers.
Les vers ronds, quant à eux, sont représentés par les ascaris qui infestent une grande majorité des chiots d'élevage. L'infestation se fait généralement par ingestion d'œufs ou de larves qui se trouvent dans les excréments collés aux poils du chien (les mères allaitantes par exemple) ou dans les niches. Il est donc important de respecter une bonne hygiène dans le milieu de vie du chien mais surtout de traiter les femelles allaitantes et les chiots dans leurs deux premières semaines de vie. Les chiens adultes, quant à eux, seront vermifugés tous les ans, voire deux fois par an afin d'éliminer également les kylostomes, vers provoquant des diarrhées. Les trichures sont d'autres vers ronds, longs d'environ 5 cm que votre chien peut malheureusement contracter lors d'un séjour en chenil. Dans ce cas, le traitement se fait par un produit injecté par voie sanguine.

La torsion d'estomac

La torsion d'estomac est le nom courant donné à la dilatation gastrique aiguë avec ou sans torsion d'estomac.
Dans les deux cas, cette dilatation gastrique est due à l'ingestion glou-

tonne d'un repas. Dans le cas de dilatation avec torsion, c'est malheureusement la mort de l'animal dans 55 % des cas. Les symptômes apparaissent rapidement, dont le plus impressionnant est l'augmentation de l'abdomen, surtout du côté gauche. Il est indispensable d'amener immédiatement votre chien chez le vétérinaire pour éviter que la dilatation ne se transforme en torsion.
Le Jack Russell Terrier n'est pas un chien glouton. On pourrait même le considérer comme un animal difficile. Il est donc peu exposé au retournement d'estomac. Cependant il faut être prudent comme pour tous les chiens. Pour les animaux nourris avec des aliments traditionnels, n'oubliez pas de couper la viande et les légumes en morceaux moyens, même petits. Enfin, lorsque votre Jack Russell Terrier s'alimente, ne le dérangez sous aucun prétexte ; plus il est calme, plus il mange lentement et mieux c'est. Si votre animal a tendance à être glouton, on le nourrira alors avec des croquettes plus grosses que les croquettes habituelles, ceci pour l'obliger à croquer ses aliments.
Le retournement d'estomac est dû en fait à une trop grande ingestion d'air dans l'estomac qui n'est malheureusement pas toujours éliminée (laissez votre chien roter !). Pour éviter que votre chien n'ingère trop d'air en s'alimentant, vous surélèverez la gamelle, pour lui permettre de mieux respirer à cet instant.

La diarrhée

La diarrhée est soit une augmentation de la fréquence des selles, soit une augmentation de l'émission des selles, le tout pouvant s'accompagner éventuellement d'une augmentation en teneur ou en volume d'eau. Les diarrhées alimentaires sont en fait les plus fréquentes et ne sont pas graves si elles ne sont pas chroniques. Le changement brutal d'alimentation (sevrage, passage d'aliments traditionnels à des aliments secs, etc.), entraînant une incapacité de l'animal à digérer, en est souvent la cause. Mais les diarrhées peuvent être dues à des rations trop volumineuses ou ingurgitées trop rapidement, ou enfin à des allergies envers certains aliments ; d'où l'importance d'apprendre à son chien de manger « de tout » dès son plus jeune âge (*cf.* chapitre sur l'alimentation).
Les diarrhées autres qu'alimentaires peuvent être dues à un coup de froid pris sur le ventre (neige) ou à un stress ponctuel (voyage en voiture chez le vétérinaire ou vers une exposition par exemple). Ces diarrhées sont en principe de courte durée, bien qu'impressionnantes.
Si les diarrhées deviennent chroni-

ques, il y a tout lieu de consulter le vétérinaire, car le risque de déshydratation entraînant une perte de sels minéraux est important. Comme pour les risques d'empoisonnement (voir ci-dessous), il faut apprendre très jeune à son Jack Russell Terrier à ne pas manger « n'importe quoi », ce qui pourrait justement entraîner ces diarrhées passagères.

Les empoisonnements

Les empoisonnements peuvent être de deux sortes, criminels ou accidentels. Les empoisonnements accidentels sont liés à l'absorption inopinée de produits chimiques, d'insecticides, pesticides ou autres produits d'entretien. Comme pour les enfants, mettez hors de portée tous les produits dangereux. Pour le jardin, soit vous traitez et vous évitez pendant les périodes de traitement que votre animal ne s'y promène, soit vous ne traitez pas. Si malgré cela vous avez le sentiment que votre chien a absorbé un poison, faites-le vomir en lui faisant avaler un demi-verre d'eau dans lequel vous aurez fait dissoudre une cuillère à soupe de sel ou en agissant sur la gorge ou sur le palais. La fièvre, dans ce cas, monte très vite ; lors du transport de votre animal chez le vétérinaire, vous prendrez soin de le rafraîchir.

La dysplasie de la hanche

Il fallait bien finir par en parler ! Disons que c'est la hantise de tout propriétaire de chien de race. Il s'agit en fait d'une pathologie de l'articulation coxofémorale qui peut aller, dans les formes les plus graves, jusqu'au boitement plus ou moins prononcé des membres postérieurs. Il s'agit d'une « subluxation » de la tête du fémur qui provoque l'usure et l'érosion des cartilages articulaires. Cette dégénérescence conduira petit à petit à une arthrose déformante. Bien que la composante génétique de la maladie ait été mise en évidence, le mécanisme de transmission n'a pas encore été clairement expliqué. Ce qui veut dire qu'un chien atteint de dysplasie n'aura pas obligatoirement une descendance atteinte de cette maladie et inversement. Nous sommes ici dans la complexité de l'hérédité qui entraîne malgré tout une peur panique chez certains propriétaires. L'examen radiographique de l'articulation coxofémorale est le meilleur moyen pour identifier les sujets atteints de dysplasie et ceux qui présentent de légères anomalies. La radiographie sera effectuée sur un chien entièrement anesthésié afin de garantir un relâchement musculaire nécessaire et, par conséquent, un positionnement dorso-ventral correct.
La Société des amateurs du Jack Russell Terrier propose à ses adhé-

rents un protocole de lecture de la radio coxofémorale. Rappelons, cependant, que la loi de 1989 sur la vente des chiots oblige un vendeur à rembourser un animal qui serait atteint de dysplasie. Maintenant, les géniteurs sont cotés en fonction de l'importance ou pas de la maladie. Il n'en reste pas moins que cette maladie affecte essentiellement les races de grande taille, il y a donc peu de dysplasie chez les JRT.

Les calculs vésicaux

L'urètre, canal par lequel s'évacue l'urine, de la vessie vers l'extérieur, est court chez la femelle, et d'un diamètre relativement large, tandis que, chez le mâle, il est plus long mais d'un diamètre plus restreint à cause du dessin de l'os pénien (contrairement à l'homme, le chien possède un os pénien). Les calculs vésicaux sont des formations cristallines qui peuvent être à peine visibles ou alors aussi grosses qu'une orange. La composition des calculs vésicaux peut être d'une ou plusieurs substances. Chez les humains, ils sont composés surtout d'oxalate de calcium, mais, chez le chien, 80 % des calculs vésicaux sont des « struvites » composés de magnésium, ammonium et phosphate. Le chien atteint de calculs vésicaux n'a pas forcément de symptômes. Cependant, souvent les calculs irritent la paroi de la vessie, l'urine est alors teintée de sang, le chien urine plus souvent et l'évacuation est douloureuse. Chez le mâle surtout, toujours à cause de cet os pénien, les calculs peuvent gêner l'évacuation de l'urine empêchant ainsi l'élimination des toxines. Cela peut provoquer un état dépressif, faiblesse, perte d'appétit, vomissements, douleurs, et, si vous ne faites pas intervenir votre vétérinaire immédiatement, cela peut même provoquer le décès du chien. Toutefois, il faut noter que, malheureusement, cela peut aussi arriver subitement, après quelques vomissements et l'arrêt immédiat de l'évacuation des urines. Là, il faut agir très vite ! Vingt-quatre heures sont un maximum pour sauver le chien. Il y a alors deux solutions. Soignés à temps, la plupart des chiens affectés de calculs peuvent se rétablir. S'il semble y avoir blocage urinaire, le chien doit être traité sans retard. Sans traitement approprié, la récidive de cette maladie est courante, alors que, bien soignée, le risque de formation de calculs peut être extrêmement atténué. Malheureusement, chez le mâle, on peut être obligé de pratiquer une opération chirurgicale qui entraîne de fait la castration, puisque le vétérinaire est obligé d'ôter les testicules, l'incision se faisant à l'emplacement même des bourses. Cette opération demande beaucoup de vigilance pour les propriétaires dans le suivi de l'intervention.

LES VACCINATIONS

En plus des maladies bénignes ou similaires à celles de l'homme, le chien peut souffrir de maladies qui lui sont propres. Ces maladies ne se soignent pas ou très mal. Ce sont des maladies très contagieuses, dues en général à des virus. Dans ce cas, seul le vaccin peut protéger l'animal en lui permettant de fabriquer des anticorps avant l'arrivée éventuelle du virus. Il possédera ainsi dans son organisme un système de défense immunitaire ou « immunité spécifique anti-infectieuse ». Les vaccins utilisés chez l'animal en général, et chez le chien en particulier, sont dits « inactivés », c'est-à-dire qu'ils sont constitués d'un extrait microbien plus ou moins purifié. Étant d'une grande sécurité, ces vaccins doivent être, au contraire des vaccins chez l'humain, renouvelés plus souvent, ce qui explique les rappels fréquents et répétés. Ceci dit, le jeune chien n'est pas capable d'assimiler les bienfaits d'un vaccin par manque de fabrication d'anticorps protecteurs. De plus, tant qu'il n'est pas sevré, le jeune animal bénéficie des anticorps « collestraux » transmis par la mère au travers du lait (2 mois). Cela voudra dire que pratiquement aucun vaccin ne sera réalisé sur un chiot de moins de 8 semaines. Comme pour les humains, il sera réalisé une primo-vaccination (en principe en deux fois), qui constituera un « stock de base » d'anticorps entretenu ensuite par des rappels réguliers.

TABLEAU DES VACCINATIONS

Primo-vaccination					
Maladies	*1re injection*	*2e injection*	*1er rappel*	*Rappels suivants*	*Observations*
Maladie de Carré	8 semaines	12 semaines	1 an	tous les 2 ans	à effectuer durant toute la vie de l'animal
Hépatite contagieuse ou maladie de Rubarth	8 semaines	12 semaines	1 an	tous les 3/5 ans	en général associé au vaccin de la maladie de Carré
Parvovirose (gastro-entérite hémorragique)	8 semaines	12 semaines	1 an	tous les 2 ans	possible dans certains cas de vacciner à partir de 6 semaines
Leptospirose	12 semaines	14/16 semaines	1 an	tous les ans	si le chien risque d'être très exposé, rappel tous les 6 mois
Rage	3 mois	-	1 an	tous les ans	obligation légale. Impossible d'exposer un chien en France ou à l'étranger s'il n'est pas vacciné contre la rage

Les soins

Soyons clairs : le Jack Russell Terrier ne se toilette pas, il s'entretient ! Chien naturellement propre, il ne se salit pas, sauf à la chasse bien entendu. Dès les premières semaines, commencez à habituer votre ami à supporter au moins une fois par semaine la brosse et le peigne afin que, une fois adulte, il se laisse manipuler facilement. Le Jack Russell Terrier étant un chien à poil ras ou à poil dur, on se contentera d'un brossage hebdomadaire qui le maintiendra propre tout en lui gardant son caractère rustique. On voit apparaître actuellement, lors d'expositions

LES ACCESSOIRES NÉCESSAIRES POUR L'ENTRETIEN DU JACK RUSSELL TERRIER

La brosse
À poils courts et durs pour atteindre la peau de l'animal.

La carde
La carde est une sorte de petite brosse métallique à texture serrée servant à enlever le sous-poil mort pour les « poils durs ».

Les ciseaux
Des ciseaux à bouts ronds pour couper éventuellement les griffes. On peut également utiliser une pince à ongles faisant levier.

Le Jack Russell Terrier ne se toilette pas, il s'entretient ! © Lanceau/Cogis

de beauté, des Jack Russell Terriers épilés comme des Fox. Il faudrait lutter contre cette tendance, au risque de condamner cette race à devenir un chien de salon. Il faut absolument lui conserver son aspect rustique de chien de ferme ou d'écurie.

Le brossage

On brossera le JRT pour éliminer les poils morts. Il est recommandé de commencer par la tête puis le corps, la croupe et enfin les membres. On pourra le lustrer avec une peau de chamois.

Le bain

Si vous devez baigner votre Jack Russell Terrier, du fait d'une vie au grand air et des intempéries qui peuvent le souiller, faites-le avec modération et ne commencez pas avant l'âge de deux mois. Utilisez un shampooing spécifique (surtout pas de shampooing humain), réalisez l'opération dans la baignoire en utilisant la pomme de douche avec un jet pas trop puissant. Rincez l'animal de la tête vers le dos et faites sortir la plus grande quantité possible d'eau des poils avant de sécher l'animal avec des serviettes-éponges réchauffées. Laissez

Le Jack Russell Terrier étant un chien à poil ras ou à poil dur, on se contentera d'un brossage hebdomadaire © Hermeline/Cogis

ensuite l'animal dans une pièce bien chauffée afin d'éviter qu'il ne prenne froid. L'utilisation du sèche-cheveux, utilisé pour les petites races, n'est pas recommandé chez le Jack Russell Terrier. Laissez son poil sécher naturellement, il n'en sera que plus beau.

Les oreilles

Comme tous les chiens à « oreilles tombantes », et contrairement aux chiens à oreilles ouvertes, le Jack Russell Terrier risque moins d'avoir les oreilles sales sauf lorsque votre ami s'essayera au déterrage. Dans ce dernier cas, la poussière et le cérumen risquent de démanger l'animal et de l'entraîner à se gratter. Il convient donc de nettoyer ses oreilles au moyen d'une gaze sèche ou trempée dans l'eau distillée ou encore imbibée d'un produit cérуménolytique. Si elles sont très sales, on peut utiliser un peu de Mercryl dilué. Bien nettoyer le conduit auditif avec la gaze qui entourera le doigt. Ne jamais utiliser le Coton-Tige. Si la gaze a été imbibée, finir le nettoyage avec une gaze sèche.

Les yeux

Le Jack Russell Terrier n'est pas un chien qui « pleure » énormément. Cependant des sécrétions s'accumulent journellement aux coins des yeux. Il faut donc les lui retirer à l'aide d'une petite gaze sèche ou imbibée d'eau distillée ou de sérum physiologique. Bien essuyer pour terminer.

Les dents

Le tartre peut apparaître sur les dents de votre animal. Ne le laissez pas se développer car il risquerait d'entraîner le déchaussement des dents. S'il est trop important, consultez votre vétérinaire. Pour éviter le dépôt de tartre vous pouvez passer un dentifrice spécial au moyen d'un doigtier en caoutchouc, puis rincez abondamment. En principe, nos amis Jack Russell Terriers n'aiment pas vraiment. Là aussi, vous pouvez l'habituer très jeune à cette petite séance, ce qui lui paraîtra normal plus tard. De temps en temps, un gros os de crosse de veau cuit pourra également aider à lutter contre le tartre. Il existe également des dragées à croquer qui diffusent des enzymes qui éliminent le tartre. Dans l'absolu, ce système est le meilleur, sauf que le chien a tendance à avaler « tout rond » la dragée au lieu de la croquer.

Les ongles

Le monde moderne facilite les ongles longs chez les chiens qui vivent beaucoup en appartement.

En effet, dehors, les chiens ont tendance à user naturellement leurs ongles. Des ongles trop longs peuvent inciter votre chien à marcher sur les talons, ce qui risque d'entraîner des tendinites. Il faut donc diminuer régulièrement les ongles en les coupant soit avec des ciseaux à bouts ronds, soit avec une pince spéciale s'il y a été habitué tout petit. Sinon, vous lui userez les ongles régulièrement au moyen d'une râpe à ongles utilisée par les êtres humains, ou vous demanderez à votre vétérinaire de lui couper les ongles. Si vous les coupez vous-même, attention à ne pas les couper trop courts.

L'anus

Vérifiez, après chaque selle, que votre animal est toujours propre. N'hésitez pas à le laver s'il reste quelques matières dans les poils, cela lui évitera les démangeaisons.

Les expositions

Les expositions canines sont, pour les néophytes, des endroits surréalistes où semblent évoluer des individus (humains) qui communiquent entre eux au moyen d'un langage codé (CACS, etc.) ainsi que des animaux (chiens) que l'on commence par enfermer dans des cages avant de les sortir pour les brosser, puis les renfermer à nouveau, enfin les ressortir pour les faire tourner en rond (pour ne pas dire en « bourrique ») entre quatre cordes sous les yeux de quelqu'un qui a l'air très savant (juge). Et, pour terminer, on renferme définitivement ces pauvres bêtes jusqu'à la fin de la journée !
En fait les expositions canines sont indispensables si l'on veut améliorer les races ou même plus simplement les faire connaître. Certes, certaines personnes sont devenues de véritables « aficionados » des expositions et sont prêtes à faire des milliers de kilomètres pour « décrocher la timbale » (ou plutôt la coupe), sans se poser la question de savoir si le chien aime ou n'aime pas. Pour ma part, je pense que les expositions doivent rester un lieu de rencontres et de confrontations amicales où maîtres et chiens sont là pour « faire avancer la chose » et non se montrer les crocs.

Se préparer à l'exposition

Un Terrier, aussi docile soit-il, n'est pas fait naturellement pour aller en exposition. Il y a donc tout lieu, pour un jeune chien non

Mme de Bellescize présentant ses Jack Russell Terriers © APL

Un Jack Russell Terrier n'est pas fait naturellement pour aller en exposition. Il y a donc lieu, pour un jeune chien, d'opérer un « conditionnement » avant la première exposition © Gauzargues/Cogis

encore habitué, d'opérer un « léger conditionnement » avant la première exposition, c'est-à-dire apprendre à tourner dans un ring à « main gauche », apprendre à montrer ses dents et à se laisser toucher par un inconnu. L'apprentissage de la cage (1m) viendra de fait sur place ; pour se faire, il faut prévoir d'aménager « le home » provisoire de l'animal, à savoir un tapis de sol (1 m × 1 m), sa gamelle, une bouteille d'eau, quelques jouets et éventuellement du tissu servant de rideau pour l'isoler des voisins. Le chien aura été brossé régulièrement avant la date.

La présentation devant le juge : le moment de vérité © APL

Le tour de ring

Arrive le moment où l'on vient chercher tous les chiens de la même race que le vôtre. C'est à vous maintenant de pénétrer sur le ring à l'endroit que l'on vous a indiqué. Ne soyez pas stressé car vous transmettriez votre anxiété au chien. Vous suivez les autres chiens ; lorsque c'est à votre tour, vous montrez la dentition de l'animal et le tenez pendant que le juge l'examine plus précisément. Le juge est « seul maître à bord » dans le ring, il y a donc tout lieu d'accepter le jugement avec le sourire, quitte, une fois la séance terminée, à lui demander quelques explications, toujours avec courtoisie. D'ailleurs, dans la plupart des cas, le juge vous donne le double de son jugement par écrit.

Le lexique des jugements

Les jugements sont rendus par des juges officiels français nommés par la SCC ou par des juges étrangers nommés par la FCI. Ils officient seuls et sous leur responsabilité personnelle ; les jugements sont sans appel et définitifs dès que prononcés.

Les classes

Les chiens sont répartis par catégories selon leur sexe, leur âge et les résultats obtenus.

• Classe ouverte :
– COM (Classe ouverte mâle) ;
– COF (Classe ouverte femelle).

On y regroupe tous les chiens dont l'âge, le jour de l'exposition, est au minimum de 12 mois (exposition nationale) ou 15 mois (exposition internationale). Cette classe donne droit à l'attribution du CACS ou du CACIB.

• Classe débutants :
– CDM (Classe débutants mâles) ;
– CDF (Classe débutants femelles).

Cette classe concerne les chiens âgés entre 9 et 12 mois. Elle donne droit à une « appréciation » (prometteur, très prometteur), mais pas à un qualificatif ni à un prix.

• Classe jeunes :
– CJM (Classe jeunes mâles) ;
– CJF (Classe jeunes femelles).

Cette classe concerne les chiens ayant au minimum 12 mois et au maximum 24 mois le jour de l'exposition. Les chiens reçus obtiennent le qualificatif « Excellent » et un classement.

• Classe champions :
– CCHM (Classe champions mâles) ;
– CCHF (Classe champions femelles).

Cette classe est réservée aux chiens déclarés champions nationaux par un pays membre de la FCI, ou champions internationaux par la FCI. Elle ne donne pas droit à l'attribution du CACS mais au CACIB.

Les prix

Dans chaque classe, seuls les quatre meilleurs chiens sont classés dans l'ordre de leur mérite respectif. Ils reçoivent un prix correspondant à leur classement. Les autres chiens ne sont pas classés et le juge leur attribue un qualificatif.

Les qualificatifs

Les qualificatifs expriment le degré de conformité au standard de la race d'un chien.

• Excellent (EXC) : qualificatif attribué à un chien très proche du standard, réalisant un ensemble harmonieux et équilibré, ayant de la classe et une brillante allure.

• Très bon (TB) : qualificatif attribué à un chien parfaitement typé, équilibré dans ses proportions mais présentant quelques défauts véniels non morphologiques.

• Bon (B) : qualificatif attribué à un chien possédant les caractéristiques de la race, mais accusant quelques défauts non rédhibitoires.

• Assez bon (AB) : qualificatif attribué à un chien suffisamment typé mais sans qualité notoire.

• Insuffisant (I) : qualificatif attribué à un chien pas suffisamment typé, et qui ne rentre pas dans le standard. En principe un chien confirmé ne devrait jamais « hériter » d'un « insuffisant ».

Les titres

• CACS (Certificat d'aptitude au championnat de France de conformité au standard) : ce titre sera attribué aux chiens présentés en classe ouverte (meilleur mâle, meilleure femelle) et au chien classé 1er excellent.
Attribué par le juge, il n'est valable qu'après homologation par la SCC. Le RCACS (Réserve de Certificat d'aptitude au championnat de France de conformité au standard) pourra éventuellement être accordé au chien classé 2e excellent. Cette réserve pouvant se transformer en CACS si le chien classé premier pour une raison quelconque n'était pas homologué.

• CHFCS (Champion de France de conformité au standard) : ce titre est attribué à un Jack Russell Terrier ayant réalisé la « formule » du club homologué par la SCC.
En principe, il s'agit de trois CACS (dont au moins un en exposition internationale), le CACS de la spéciale de race et le CACS de l'exposition de championnat (Longchamp), le tout avec des juges différents.

• CACIB (Certificat d'aptitude au championnat international de beauté) : ce titre est décerné lors d'expositions internationales, dans chaque race, au meilleur mâle et à la meilleure femelle des classes « ouvert » et « champion » réunies.
La réserve de CACIB (RCACIB) fonctionne de la même façon que la RCACS.

• CHIB (Champion international de beauté) : ce titre est attribué par la FCI à un chien ayant remporté un certain nombre de CACIB (quatre CACIB dans trois pays différents et sous trois juges différents dont un des quatre dans le pays de résidence du propriétaire ou dans le pays d'origine de la race).

Un dernier petit conseil pour les novices aux expositions. En effet si vous exposez votre chien pour la première fois et que vous ne connaissez personne, sachez qu' au début du catalogue qui vous

Devenir champion : le rêve de tout jeune chien © Gauzargues/Cogis

aura été remis à l'entrée, il est décrit les récompenses remises pour chaque qualificatif. N'oubliez donc pas d'aller réclamer la vôtre au stand réservé à cet effet car peut-être que personne ne vous le dira et après l'exposition vous ne pourrez plus rien réclamer. Ce serait dommage car rappelez-vous que la première plaque ou la première coupe est celle que vous regarderez le plus souvent.

En revenant de l'exposition

La journée est terminée. Votre Jack Russell Terrier revient, « médaillé » ou non. Il va falloir lui laisser deux ou trois bonnes journées pour qu'il décompresse, histoire d'oublier les cages, le bruit, les haut-parleurs et le juge. Très vite, il va s'habituer à la « nouvelle manie » de son maître et jouera, en quelque sorte, un rôle sur le ring, quitte à devenir « cabot » et apprécier les applaudissements. Mais de là à dire qu'il aime les expositions, il y a un pas que je ne franchirais pas.

Formule pour l'obtention du titre de champion national de conformité au standard

Sera déclaré champion de conformité au standard, le Jack Russell Terrier qui aura obtenu le CACS dans l'exposition de championnat, un CACS dans une exposition spéciale du club, un CACS dans une exposition, un CACIB et un Très Bon en épreuve de travail au terrier artificiel.

Formule pour l'obtention du titre de champion de travail

Sera déclaré champion de travail le Jack Russell Terrier ayant obtenu deux CACT en épreuve de travail au terrier artificiel et un Très Bon en exposition dans une Spéciale du club, ces jugements se faisant par trois juges différents.

Comment devenir champion international

Champion international de beauté

Obtenir quatre CACIB dans un minimum de trois pays différents, sous le jugement d'un minimum de trois juges différents.
Il faut que l'un des CACIB soit obligatoirement obtenu dans le pays d'origine de la race ou dans le pays du domicile du propriétaire du chien.
Il faut qu'un temps minimum de 12 mois se soit écoulé entre la date d'obtention du 1er et du 4e CACIB.

Champion des Pays-Bas

Obtenir quatre CAC avec deux juges différents minimum. Lors de l'obtention du 4e CAC, le chien doit être âgé au minimum de 27 mois, sinon vous devrez attendre que votre chien atteigne cet âge minimum obligatoire pour obtenir un autre CAC.

Champion d'Allemagne

Obtenir trois CAC avec deux juges différents minimum. Il doit y avoir un délai minimum de 12 mois entre la date d'obtention du 1er et du 3e CAC.

Champion de Monaco

Obtenir deux CAC attribués à l'exposition de Monaco qui ne se déroule qu'une fois par an.

Champion de Suisse

Obtenir trois CAC, dont deux obtenus dans des expositions où est attribué le CACIB, avec un minimum de deux juges différents. Il doit y avoir un minimum de 12 mois entre la date d'obtention du 1er et du 3e CAC.

Champion de Belgique

Obtenir trois CAC avec trois juges différents dont un CAC obligatoirement obtenu à l'exposition du championnat de Belgique de Bruxelles qui se déroule une fois par an.

Champion d'Espagne

Obtenir quatre CAC dont un à l'exposition du championnat d'Espagne à Madrid ou un à la Nationale d'Élevage.
Si vous obtenez le CAC de l'exposition de Madrid, en plus vous devez avoir au moins un qualificatif Excellent à la Nationale d'Élevage.

Champion du Portugal

Obtenir trois CAC + un CAC QC. Le CAC QC est obtenu lors du championnat du Portugal qui se déroule une fois par an à Lisbao.

Champion du Luxembourg

Obtenir le CAC-CACIB délivré à l'exposition annuelle du Luxembourg.

Adresses utiles

Société centrale canine (SCC)
155, avenue Jean-Jaurès
93535 Aubervilliers

Club du Jack Russell Terrier

• Président :

Dr Jacques-André Lebrun
80, rue du Maréchal-Leclerc
50000 Saint-Lô

• Secrétaire :

M. Luc Michel
55, avenue Lajarrige
BP 71 44503 La Baule

• Responsable de l'Information :

Dr J.-A. Lebrun
(Tél. : 02 33 57 26 12)

Parson Jack Russell Club
Mrs R. Hussey-Wilford
Pirton House
Worcester WR8 9EJ
Tél. : 0905 82 14 40

New Zealand Kennel Club (NZKC)
Prosser street-Private Bag 50903
Poritua Wellington 6220
Tél. : 0 4 237 4489
Fax : 0 4 237 072

Australian National Kennel Council (ANKC)
PO Box 285
Red Hill South-Vic 3937
Tél. : 015 304 338
Fax : 059 89 6343

Canadian Kennel Club
100-89 Skyway Avenue
Etobicoke-Ontario
M9W 6R4

Index analytique

Achevé d'imprimer en janvier 2002
à Milan, Italie,
sur les presses de Grafiche Milani

Dépôt légal : janvier 2002
Numéro d'éditeur : 7319